Le tumulte de Paris

Eric Hazan

Le tumulte de Paris

La fabrique
éditions

ISBN : 9782358722117

La Fabrique éditions
64, rue Rébeval
75019 Paris
lafabrique@lafabrique.fr
www.lafabrique.fr
Diffusion : Les Belles Lettres

Sommaire

Pour Stella, pour Jean

Avant-propos

Ce livre a été entrepris pour défendre Paris dont on dit aujourd'hui tant de mal – ville muséifiée, atone, embourgeoisée, etc. Le plus fort, c'est que ces propos ne sont pas tenus exclusivement par les ennemis habituels de Paris, ceux qui s'en tiennent à distance, qui ont peur de ses explosions périodiques. Mais ceux que Paris a abrités, éduqués, cultivés, ceux qui lui sont largement redevables de ce qu'ils sont devenus, ceux-là participent au dénigrement de leur ville nourricière. C'est peut-être qu'il y a une part justifiée dans cette façon de déboulonner Paris, de ruiner le mythe. Ville-musée ? Il est vrai que celui ou celle qui, du milieu du Pont-Neuf, ferait un tour complet sur lui/elle-même se trouverait comme au centre de la très vaste salle d'un musée imaginaire. Mais il n'y a là rien de nouveau, Rastignac ou Baudelaire auraient eu à peu près la même vue – la Samaritaine mise à part, bien entendu. L'embourgeoisement ? C'est depuis bien longtemps que Paris est divisé en deux par une ligne passant à peu près par le faubourg et la rue Poissonnière, les beaux quartiers à l'ouest et les quartiers « populaires » à l'est. Lors de la grande insurrection prolétarienne de juin 1848, les barricades ouvrières étaient parvenues jusqu'à cette ligne lors de leur plus grande avancée.

Ce qui est sûr, c'est que depuis les funestes années Pompidou le Paris populaire est grignoté, soit par des destructions (le Vél' d'Hiv où avait lieu la grande kermesse populaire des Six Jours avec Édith Piaf et Marcel Cerdan, la place des Fêtes où les habitués de restaurants avaient encore leur rond de serviette en 1960, la rue Watt et ses alentours, chère aux situationnistes), soit plus insidieusement par une sorte de colonisation interne. Prenons un petit quartier périphérique peuplé d'Arabes, de Noirs et de Blancs pauvres – par exemple le quartier de l'Olive au nord de la Chapelle, il y a vingt ans. (J'aurais pu prendre d'autres exemples, les berges du canal Saint-Martin il y a trente ans ou la place de la Réunion aujourd'hui.) Le coin est repéré comme agréable, on le fréquente, on l'explore et comme les loyers sont bas on s'y installe. D'autres suivent, des amis d'abord et puis n'importe qui. Les loyers montent, les immeubles sont rénovés, des bars s'ouvrent, puis un magasin bio, un restaurant vegan… Les premiers habitants, les indigènes sont chassés par la hausse des loyers et vont s'établir plus loin, à Saint-Denis s'ils ont de la chance, ou sinon à Garges-lès-Gonesse, à Goussainville ou dieu sait où. Ainsi les quartiers populaires sont-ils colonisés par « des gens » qui n'ont aucune mauvaise intention – au contraire, ils et elles sont ravis d'habiter un quartier « coloré » et regrettent de le voir se blanchir.

Si le capitalisme continue à prospérer, le processus finira par vider Paris de tous ses pauvres et s'étendra à la première couronne où ils auront migré. Mais si nous sommes à la fin d'un cycle commencé avec Thermidor – bien des signes permettent de l'espérer – alors tout va redevenir possible, y compris le retour des exclus, des entassés, des méprisés. En attendant, il faut garder une main sur la ville, en connaître l'histoire et les détours pour que le moment venu elle puisse reprendre ses couleurs et sa gloire. Tel est l'objet de ce livre.

Il a un modèle : le *Tableau de Paris* de Louis-Sébastien Mercier, dont les derniers volumes furent publiés en 1788. Sans chercher à égaler cette œuvre admirable, je lui ai emprunté l'idée de textes courts, discontinus, sur des sujets variant d'une page à l'autre voire à l'intérieur de la même page. Je les ai peu retravaillés et les ai laissés dans l'ordre où ils ont été écrits. Je n'ai pas parlé des bouleversements de la vie parisienne apportés par la pandémie en cours : d'autres l'ont fait – en particulier à La Fabrique – et il ne m'a pas paru nécessaire d'y ajouter mon grain de sel.

Quartiers

Sur le papier Paris est divisé en quatre-vingts quartiers, quatre par arrondissement, mais ce découpage est purement administratif et policier, sans aucune réalité sensible. Personne ne vous dira qu'il ou elle habite le Gros Caillou ou le quartier Sainte-Marguerite. Ce qu'on considère comme « son quartier » est un territoire affectif dont les limites peuvent être historiquement et géographiquement claires sans que tout le monde lui donne le même nom. Ainsi les uns diront qu'ils habitent le Marais alors que leurs proches voisins se localiseront plutôt rue Saint-Antoine ou « pas loin de la Bastille ».

Certains quartiers ont changé au point de ne plus justifier leur nom traditionnel. Le Quartier latin où les touristes sont plus nombreux que les étudiants, centré sur une Sorbonne où il faut montrer ses papiers pour entrer, privé de presque toutes ses grandes librairies, n'a plus grand-chose de latin. Au quartier juif de la rue des Rosiers on ne trouve plus de *gefilte fish* ou de *pastrami* que dans deux ou trois boutiques car les vieux ashkénazes sont morts et leurs enfants sont partis vivre ailleurs. La charcuterie Goldenberg, autrefois phare du quartier, a laissé la place à une boutique de mode japonaise. Certains quartiers ont même disparu : de l'ancien quartier arménien, rue Lamartine et rue de Trévise, il ne reste que quelques noms de consonance arménienne sur de rares enseignes.

Plusieurs communautés jadis importantes n'ont jamais eu de quartier à elles. Les Russes blancs, très nombreux à Paris des années 1920 aux années 1950, avaient même un journal dont la critique théâtrale était assurée par le patron d'un restaurant russe de la rue Bréa, « Chez Dominique ». Les Russes blancs étaient souvent chauffeurs de taxi – béret enfoncé jusqu'aux oreilles, blouse grise, Gitane maïs éteinte, et une façon très particulière de maltraiter leur vieux taxi G7 à deux tons, noir et rouge. Cette communauté s'est évaporée sans avoir eu d'implantation dans la ville, elle est bien oubliée, c'est dommage.

Mais d'autres quartiers apparaissent. De nouveaux quartiers juifs se sont développés, l'un dans le bas de la rue Manin près de la porte Chaumont, l'autre, plus huppé, dans le XVIIe arrondissement autour de l'avenue de Wagram, rue Rennequin, rue Jouffroy-d'Abbans. Plus ancien déjà, le quartier « indien », qui aligne ses saris et ses boutiques de films bollywoodiens sur le faubourg Saint-Denis entre la gare du Nord et la place de la Chapelle, est en fait un quartier de Sri-Lankais, presque tous tamouls. Les Kurdes (ceux qu'on appelle Turcs) ont depuis des années leur quartier dans le Xe arrondissement, rue d'Enghien, rue de l'Échiquier et dans le bas de la rue Saint-Denis. Encore plus ancien (moins toutefois que le grand ensemble du XIIIe), le quartier chinois du bas Belleville s'agrandit depuis les années 1970 au point que dans certaines rues, comme la rue Civiale ou la rue Rampal, les restaurants et les boutiques sont tous chinois et les travailleuses du sexe chinoises sont nombreuses sur le boulevard de la Villette. Ces « Chinois » viennent presque tous du Wenzhou, grande province au sud de Shanghai dont les habitants sont connus, paraît-il, pour leurs aptitudes commerciales.

« Paris n'est plus ce qu'il était », oui et heureusement, il bouge, il évolue sans cesse comme un organisme vivant dont certaines parties s'atrophient tandis que d'autres prolifèrent.

Tabacs, droguistes

Les pauvres fument plus que les riches. Des études sociologiques le montrent mais on pourrait s'en passer : il suffit de comparer la densité en bureaux de tabac dans les quartiers parisiens chics et les quartiers populaires. Depuis le Palais-Bourbon jusqu'à l'Institut du Monde arabe, sur toute l'élégance du boulevard Saint-Germain on ne compte que trois bureaux de tabac en incluant la Cave à Cigares du carrefour de l'Odéon, qui n'en est pas vraiment un. Trois, c'est le nombre des bureaux sur la rue de Belleville, entre la station Belleville et la suivante, Pyrénées, à cinq minutes de marche. Comme l'obésité, le tabagisme est un marqueur de classe. Il est d'ailleurs rare que les bureaux de tabac, où sévissent aussi souvent le PMU, le Loto et la Française des jeux, soient des établissements chics – comme la Civette, face à la Comédie-Française, où les conseillers d'État vont sans doute acheter leurs havanes.

L'enseigne des tabacs parisiens fait parfois référence au lieu d'implantation – tabac du Roule, de la Muette, des Gobelins – mais elle reprend souvent le nom de marques de cigares ou de cigarettes depuis longtemps disparues, datant de l'époque où le tabac brun sortait par tonnes des usines de la Seita et où l'on fumait dans tous les cafés. Week-end, Balto, Reinitas, Celtique, Boyards : autant de souvenirs des années de la Dauphine Renault, du *Petit Soldat* de Jean-Luc Godard et du prix Goncourt de Romain Gary pour *Les Racines du ciel.* Quant aux tabacs « Le Jean-Bart », ils renvoient à la légende du célèbre corsaire menaçant ses geôliers anglais de mettre le feu à un tonneau de poudre avec le cigare allumé qu'il tenait en main.

Dans ces années-là, les tabacs parisiens étaient souvent tenus par des Auvergnats ou plus précisément par des natifs du Rouergue – dans l'ensemble peu avenants, pourvus de gros chiens-loups et de femmes revêches. De cette population il ne reste presque rien, les rares enseignes « Au Bougnat » étant plutôt des souvenirs de marchands de bois et charbons, eux aussi quasi disparus. Il y a bien un tabac « Le Rouergue » rue du Faubourg-du-Temple, mais le patron est chinois et ne sait pas pourquoi son établissement porte ce nom. Tous les fumeurs, tous les gratteurs de tickets en ont conscience : depuis quelques années, les tabacs de Paris sont massivement pris en charge par des Chinois. Ils et elles sont souvent jeunes et nettement plus agréables et efficaces que les anciens de Villeneuve-sur-Lot. Interrogés sur les raisons de cette domination asiatique sur un commerce si parisien, leurs réponses sont peu claires : un système de tontines pour réunir l'argent nécessaire – un tabac bien placé peut coûter jusqu'à un million d'euros – ou encore la capacité de travailler plus dur que les autres.

Plus curieux encore : les drogueries parisiennes, ces boutiques où l'on trouve boules antimites, déboucheurs de lavabos, tapettes à souris et tant d'autres objets, ont souvent pour propriétaire un Indien de Madagascar. Dans un bel établissement de la rue Choiseul, près de l'Opéra-Comique, l'un d'eux m'a expliqué ce tropisme : « En Inde, nous faisons partie d'une caste dont la spécialité est justement ces commerces où l'on vend de tout. Nous sommes nombreux à nous être installés à Madagascar au temps des Français et nos familles avaient là-bas des boutiques comme celle-ci. Et quand il a fallu partir, le choix s'est tout naturellement porté sur la France. Aujourd'hui, quand une droguerie se libère, nous essayons qu'elle soit prise par l'un des nôtres. » Pourvu qu'ils continuent, qu'ils résistent face à Leclerc, Auchan et Cie, pourvu que subsistent ces boutiques où, comme dans certains vieux garages ou chez certains marchands d'instruments à vent d'occasion, l'accumulation ordonnée défie la standardisation et rivalise de fantaisie avec les formes d'art contemporain qu'on appelle des installations.

Kiosques et charrettes

Le kiosquier près du métro Belleville m'explique que les livreurs de journaux jettent les paquets vers quatre heures du matin à l'arrière de son kiosque dans une boîte dont ils ont la clef. Il ne les voit donc jamais – sauf celui du *Monde*, qui passe vers midi et demi.

Jusqu'aux années 1960, le quartier de la presse était concentré entre la rue Réaumur, la rue Montmartre et le boulevard Poissonnière : *L'Aurore* rue Montmartre, *L'Humanité* boulevard Poissonnière, *Le Parisien libéré* et *France-Soir* rue Réaumur, *Le Monde* étant presque en exil au fond de la petite rue des Italiens. Dès que les journaux sortaient des presses, des nuées de cyclistes partaient les distribuer dans les kiosques sur des vélos dont la roue avant était plus petite pour loger un énorme porte-bagages en ferraille. (Du temps où l'on livrait la viande à domicile, les garçons bouchers avaient les mêmes vélos, mais rouges.) Les coursiers cyclistes n'étaient pas les seuls à diffuser les journaux, il y avait aussi les crieurs qui les vendaient à l'unité dans les lieux les plus fréquentés, les stations de métro, les queues devant les cinémas, les gares, les grands magasins, les Champs-Élysées. Un peu plus tard, vers 1960, les vélos ont été remplacés par des motos, des BMW avec side-cars où étaient empilés les paquets de journaux.

Et puis tout a changé quand les imprimeries sont parties en banlieue. Les journaux ont cessé d'être des lieux où la rédaction, la composition, la correction et l'imprimerie étaient situées à différents étages du même immeuble. Dès lors, la livraison ne pouvait se faire qu'en camionnettes anonymes et peu pittoresques, depuis des banlieues de plus en plus lointaines.

Les vélos à petite roue avant ne sont pas les seuls véhicules à avoir plongé au fond des mémoires. Je me souviens qu'après la guerre, Gervais livrait le lait aux boutiques sur de grands plateaux de bois munis de roues à pneus et tirés par deux chevaux. Sur les plateaux s'entrechoquaient de grands bidons de lait auxquels étaient appendus des récipients métalliques d'un litre au bout d'une longue tige métallique accrochée au bord des bidons. On disait que M. Gervais aimait beaucoup les chevaux.

Tant que les Halles sont restées dans Paris, on rencontrait un peu partout dans la ville des charrettes de quatre-saisons. Ceux qu'on appelait « marchands de quatre-saisons » allaient s'approvisionner au grand marché central et poussaient leur chargement jusqu'à leur point de vente habituel, sur les marchés mais pas seulement. Ces charrettes en bois, toujours peintes en vert, avaient à l'avant deux grandes roues cerclées de fer et à l'arrière une béquille pour stabiliser l'engin à l'arrêt. Deux longues poignées de bois servaient à tirer ou pousser la charrette. C'est une image d'un paysage parisien disparu que l'on ne connaît plus que par les photographies de Doisneau et de quelques autres.

Et les taxis, les merveilleux taxis Renault carrés, bicolores – rouges jusqu'aux portières, noirs au-dessus – et d'un confort confinant au luxe : séparé du chauffeur par une vitre coulissante (comme à Londres), on était assis sur une banquette recouverte d'un tissu, presque un tapis, magnifique dans mon souvenir. Le compteur était

à l'extérieur, le chauffeur devait baisser sa vitre pour l'atteindre. À chaque nouveau client, il le remontait avec une clef placée juste au-dessous des chiffres qui défilaient pendant la course, franc après franc. J'entends encore le bruit très particulier de la clef qui remontait le ressort du compteur. Un petit panneau de la taille d'une carte de visite prenait une position oblique sur le compteur au début de la course, seul indice que le taxi n'était plus libre.

On prenait aussi l'autobus. Entrée et sortie se faisaient par la même porte, à l'arrière de la plateforme ouverte à tous vents. Le receveur compostait les billets avec un appareil métallique tenu par une bretelle sur son ventre. Là encore, j'entends le bruit de ce composteur. Le receveur donnait au chauffeur le signal du départ en tirant sur une chaînette munie d'une poignée de bois et reliée à une clochette. Quand l'autobus était complet, les agents de police et les pompiers pouvaient voyager « en surcharge », debout au bord de la plate-forme en se tenant aux montants métalliques. Les *Exercices de style* de Raymond Queneau ont pour cadre une plate-forme d'autobus du début de cette époque – du début car il s'agit d'un autobus de la ligne S, avant que les lettres soient remplacées par des chiffres.

Mendiants, mendiantes

Se lancer dans une typologie de la grande misère parisienne, ce serait offensant pour ceux qui dorment par terre sur des cartons et trouvent à se nourrir dans les poubelles. C'est sur nous-mêmes, les non-mendiants, que la réflexion mérite d'être menée.

Une catégorie particulière comprend ceux qui ne donnent rien, jamais, pas même une cigarette. Ce ne sont pas forcément des êtres sans cœur, ils ont des arguments : la pitié est une passion triste et la charité, une abjection ; ce n'est pas en distribuant quelques euros au hasard que l'on lutte contre la misère ; ceux qui le font se donnent bonne conscience pour pas cher. Tout cela est juste et ceux qui continuent malgré tout à fouiller dans leurs poches pour répondre à la demande le savent très bien. Mais en dehors même des réticences théoriques, reste la question : à qui donner ?

À tous ceux qui tendent la main, ce n'est pas possible. Le don ne consiste pas seulement à mettre dans cette main – ou dans un gobelet, une écuelle, une casquette – une pièce de monnaie. Pour donner au geste un minimum de sens, il faut l'accompagner de quelques mots, d'un sourire, d'une tape sur l'épaule, bref de petits signes manifestant une appartenance commune au groupe des êtres humains. Or, de tels gestes ne sont pas faits pour être répétés à tous les carrefours. Il faut donc faire des choix. Chacun les siens – je parlerai des miens.

J'ai eu plusieurs « clients » attitrés. Sur les quais de la ligne 11 à Belleville, un homme d'une cinquantaine d'années, Noir africain, qui joue de la mandoline ou plutôt égrène des notes tout doucement sans dégager de mélodie, courbé sur l'instrument, sans un regard pour les « usagers » – les rares fois où je l'ai rencontré déplié, j'ai vu qu'il est très grand et qu'il boite ; une autre a son siège social sur un banc, près de la grande poste 1930 de la rue des Archives – la première fois que j'ai vu cette vieille dame, j'ai été saisi par la couleur de ses yeux, de ceux qui projettent du bleu tout autour d'eux. Quand je suis dans le quartier, je fais un détour pour voir si elle est à son poste et bavarder un moment.

Ce sont des exceptions, et la plupart de ceux à qui je donne sont pour moi des anonymes – ce qui ne signifie pas qu'ils sont choisis au hasard. Je ne résiste pas à ceux qui m'abordent posément et me demandent si je peux les aider ; ni aux jeunes femmes voilées de noir, strictement muettes et immobiles dans une pose sans doute traditionnelle, accroupies, le bras tendu, le coude appuyé sur le genou, la main ouverte en forme de coupe – belles comme des statues égyptiennes ; ni aux accordéonistes roms du métro qui jouent en virtuoses des airs de chez eux au lieu des habituelles rengaines vaguement inspirées de Piaf ou d'Aznavour. Bref je donne aux plus charmantes, aux plus doués, aux mieux armés dans le malheur. Évidemment, ce n'est pas ce qu'il faudrait faire. Mieux vaudrait aider un peu ceux qui ont le moins d'atouts, celle dont la mélopée vous poursuit sans pitié le long des couloirs, celui qui entame dans le wagon le discours fatal, « Excusez-moi de vous importuner dans votre transport, je m'appelle Robert, je suis à la rue… » Oui, mais les affects l'emportent souvent sur la raison.

Portes

Pour amalgamer au Paris des vingt arrondissements les communes qui l'entourent, une étape est indispensable : supprimer les portes qui les séparent. S'il y a une porte, il y a un dedans et un dehors, on n'y peut rien. Et le périphérique avec ses bretelles d'accès renforce partout « l'effet porte ». Ce ne sera pas la première fois que l'on aura supprimé des portes autour d'un Paris à agrandir. Dans les années 1860, quand furent annexées à Paris les communes qui constituent aujourd'hui l'essentiel des arrondissements à deux chiffres – d'Ivry à Vaugirard sur la rive gauche, d'Auteuil à Bercy sur la rive droite – on supprima les portes (qu'on appelait plutôt barrières). Pour les plus importantes, l'emplacement de la barrière se transforma au fil du temps en une grande place incluse dans le tissu du nouveau Paris : la place d'Italie, la place Denfert-Rochereau, la place de Stalingrad, la place des Ternes – entre autres – se sont développées autour des anciennes barrières d'Italie, d'Enfer, de la Villette, des Ternes…

Parmi les portes actuelles, beaucoup ne sont que de simples carrefours, comme la porte de Châtillon, la porte de Sèvres, la porte des Poissonniers ou la porte Montmartre. La suppression du périphérique et l'aménagement de son emprise les transformeront en carrefours urbains ordinaires, mais pour prendre acte de leur changement de statut, il faudra changer leur nom – et ce ne sont pas les oubliés qui manquent, de Robespierre et Marx (qui ne sont pas des oublis) à Rimbaud, Freud, Mahler ou Picasso. Souvent les communes de banlieue, surtout les jadis « rouges », ont comblé ces absences, grâce leur soit rendue.

Pour les grandes portes, la différence est énorme entre l'ouest où elles sont presque déjà des places – je pense à la porte de Saint-Cloud, à la porte d'Auteuil et même à la porte Dauphine – et les portes du nord et de l'est, cauchemar des piétons et des cyclistes, pièges de laideur, de bruit et de pollution. Toutes sont pourvues du même matériel : le périphérique et ses bretelles, un ou plusieurs postes d'essence et souvent de lavage de voitures, plusieurs sorties de métro, d'innombrables panneaux de signalisation, deux stations de tramway, plusieurs terminus de lignes d'autobus, les uns à trois chiffres qui partent vers la banlieue et les autres à deux chiffres qui sont des lignes parisiennes. Le tout dans un espace déstructuré où les flux du périphérique et du boulevard des Maréchaux se mêlent tant bien que mal à la circulation radiale, celle des malheureux qui tentent de sortir de Paris ou d'y entrer. Transformer de tels espaces en places est évidemment difficile et même parfois impossible : à la porte de la Chapelle par exemple, avec l'enchevêtrement au sol et en l'air du périphérique, de ses bretelles, du tramway et du pont des voies ferrées joignant les réseaux de l'Est et du Nord.

Prenons un cas moins défavorable, celui de la porte d'Orléans. Là, la place est presque ébauchée par les deux magnifiques HBM aux angles avec le boulevard Jourdan à gauche et le boulevard Brune à droite : ces deux massifs sont placés de biais et en les continuant mentalement, on aurait un cercle. Mais au-delà des HBM, la voie axiale s'évase et laisse place à un square miteux au fond duquel trône la statue en bronze du maréchal Leclerc. Dans son dos passe le périphérique, doublé du côté Montrouge par le boulevard Romain-Rolland. Il ne serait pas si difficile de compléter la place ébauchée en prolongeant la ceinture des HBM par une courbe d'immeubles laissant entre eux une voie de la même largeur que l'avenue parisienne du Maréchal-Leclerc. Derrière la place, une rangée d'immeubles bas sur l'emplacement du périphérique pourrait équilibrer la laideur des immeubles en métal et verre du boulevard Romain Rolland.

Belleville

Quand on dit Belleville, de quoi parle-t-on au juste ? J'en connais qui habitent rue Saint-Maur ou rue Jean-Pierre-Timbaud et qui sont convaincus d'habiter à Belleville, comme si ce nom était lié à une ambiance plutôt qu'à une limite géographique. En réalité, la vieille commune de Belleville, annexée à Paris en 1860, s'étendait côté Paris jusqu'au mur des Fermiers-Généraux ou, pour parler comme aujourd'hui, jusqu'aux boulevards de Belleville et de Ménilmontant. À l'autre extrémité, elle allait jusqu'à ce qui est devenu le boulevard Mortier et la porte des Lilas. Un vaste territoire donc, et qui n'est pas homogène, qui englobe sous le même nom plusieurs quartiers différents reliés par le grand axe est-ouest, la longue rue de Belleville – la rue de Paris de l'ancienne commune (comme aujourd'hui à Montreuil, si bien décrite par Jean-Christophe Bailly, boutique après boutique, dans un livre intitulé simplement *La Rue de Paris*). Tout en haut, c'est le quartier du métro Télégraphe – le télégraphe optique de Chappe, logiquement situé à ce point le plus haut de Paris – et le cimetière de Belleville, flanqué des deux grands châteaux d'eau si souvent photographiés. En descendant, on parvient place des Fêtes. C'était encore vers 1960 une mignonne petite place ronde, une place de village. Le terrain vague qui porte aujourd'hui le nom de place des Fêtes résulte de l'un des pires attentats urbanistiques fomentés sous – et par – cet ennemi de Paris qu'était Georges Pompidou. « Je crois, écrit Guy Debord dans *Panégyrique*, que cette ville a été ravagée un peu avant toutes les autres parce que ses révolutions toujours recommencées n'avaient que trop inquiété et choqué le monde ; et parce qu'elles avaient malheureusement toujours échoué. On nous a donc punis par une destruction aussi complète que celle dont nous avaient menacés jadis le manifeste de Brunswick ou le discours du girondin Isnard : afin d'ensevelir tant de redoutables souvenirs et le grand nom de Paris. » Après ce désastre, en descendant toujours la rue de Belleville on entre dans un quartier qu'on appelle Jourdain, du nom de la station de métro et d'une petite rue où se trouve l'une des meilleures librairies de Paris, L'Atelier. Ce quartier, dominé par une église néogothique plutôt laide (œuvre de Lassus, qui a lui aussi sa rue ici), est particulier dans Belleville : c'est un îlot de population blanche alors que partout ailleurs les Noirs, les Arabes et les Chinois sont en majorité. À la pâtisserie de l'Église, on se croirait à Bourges ou à Montluçon – les gâteaux sont très bons, comme les produits proposés par les boutiques voisines, plus chers qu'ailleurs à Belleville.

Plus bas, après avoir croisé la rue des Pyrénées, on entre progressivement dans le Chinatown qui s'est implanté là dans les années 1970 et qui ne fait que croître depuis. Il se densifie progressivement après la rue Jouye-Rouve (où se trouve le meilleur et le plus aimable restaurant de Belleville et même au-delà, Le Baratin) et la rue Rébeval. À partir de la rue Julien-Lacroix, le grand axe transversal de Belleville orienté nord-sud, tout est asiatique, sinon chinois – des Thaïs, des Vietnamiens, des Japonais, des Coréens se sont infiltrés dans la marée chinoise. Restaurants, boutiques d'alimentation, marchands de portables, manucures, massages, bijoux fantaisie, coiffeurs, fleuristes, tout est chinois sauf deux boulangeries (le pain ne fait pas partie de l'alimentation chinoise, je n'ai jamais vu de boulangerie tenue par des Chinois), sauf encore une succursale de la Caisse d'Épargne et une pharmacie – où l'un des pharmaciens est toujours un Chinois.

Tout en bas de la rue de Belleville, on parvient à un grand carrefour ponctué par les cinq sorties du métro Belleville. Ce carrefour mériterait d'être traité comme une place mais curieusement il ne porte pas de nom, alors que bien des sites voisins bien moindres portent ceux de Jean Ferrat, d'Henri Krasucki ou d'Hannah Arendt – je proposerais de l'appeler place Frantz-Fanon. On y trouve en concentré tout ce qui fait le charme de Belleville : aussi cosmopolite que Barbès, mais plus doux, plus calme, plus accueillant.

Il forme un carré, un peu ébréché par la petite et très chinoise rue Louis-Bonnet. La rue du Faubourg-du-Temple et la rue de Belleville se rencontrent là, à travers ce qui fut longtemps la barrière de Belleville – elles se rencontrent et se prolongent l'une dans l'autre en douceur, ce qui n'est pas toujours le cas en pareille disposition : la rue du Faubourg-Saint-Antoine est bien loin de la rue Saint-Antoine, la rue du Faubourg-Poissonnière bien loin de la rue Poissonnière.

L'angle entre le boulevard de Belleville et la rue du Faubourg-du-Temple (à gauche en regardant vers Paris) est occupé par un grand immeuble datant probablement des années 1920. Au niveau rue, c'est Chen Market, un immense supermarché alimentaire, et, au premier étage, un restaurant annoncé en façade par de grandes lettres : Le Président (Mao ?). L'angle d'en face, entre le boulevard de la Villette et le Faubourg, est lui aussi un grand immeuble mais difficile à dater : on pense à un édifice néoclassique fin XVIIIe siècle, mais la très haute arcade à l'entrée, qui monte jusqu'au deuxième étage sème le doute.

L'angle entre le boulevard de la Villette et la rue de Belleville, au nord-est de la place, était autrefois marqué par un café, Le Point du Jour, que l'on voit sur d'anciennes photos où parfois se distingue le funiculaire à vapeur qui « descendait sagement de l'église Saint-Jean-Baptiste à la place de la République, et remontait lentement, branlant, grinçant – pour dix centimes il vous faisait parcourir le faubourg du Temple et la rue de Belleville », comme l'écrit Eugène Dabit dans *Les Faubourgs de Paris*. Cet angle est désormais enlaidi par l'affreux immeuble de la CFDT, cadenassé, entouré de grilles métalliques qui empêchent l'accès à un petit jardin. La margelle de cette grille est trop étroite pour qu'on puisse s'y asseoir commodément mais malgré cela on y voit souvent blottis de vieux travailleurs chinois (des chibanis chinois !), des clochards, des drogués, dos à la grille, les coudes sur les genoux.

Le quatrième angle, entre le boulevard et la rue de Belleville, est occupé par un grand café largement ouvert des deux côtés qui a pour nom La Vielleuse. L'immeuble n'est plus celui d'où Jules Vallès faisait feu sur les Versaillais lors des dernières journées de la Commune comme il le raconte dans *L'Insurgé*, il a été démoli et pas trop mal reconstruit dans les années 2000. Surtout, l'on a pris soin de conserver l'icône qui donne son nom au lieu : un tableau représentant une joueuse de vielle, recouvert d'un verre dont un coin a été cassé par un éclat d'obus allemand pendant la guerre de 14. La clientèle est variable selon l'heure dans la journée et les jours de la semaine, majoritairement arabe les jours de marché (mardi et vendredi), souvent juive tunisienne (vieillissante hélas), chinoise en permanence y compris les dames faisant commerce de leur corps sur le boulevard de la Villette. Il règne dans ce café une atmosphère bruyante et harmonieuse : malgré la diversité des populations, je n'y ai jamais vu de dispute, je dirais même jamais entendu un mot de travers (je ne connais pas toutes les langues qu'on y parle mais il y a toujours un ton spécial et repérable dans une insulte).

Presque en face de La Vielleuse, à l'extrémité du terre-plein central où s'étale le marché, un manège avec avions, chevaux et voitures, où j'ai dépensé des fortunes pendant les premières années de ma fille Cléo. Un peu plus loin, le boulevard de Belleville est occupé sur son flanc droit (en regardant vers le Père-Lachaise) par une grande école élémentaire, autrefois École supérieure de dessin, ce qui explique sans doute les médaillons sur la façade représentant Péguy, Jules Ferry, Jaurès, Debussy, Camille Claudel, Sadi Carnot, Émile Zola, Pasteur, Marie Curie, toute une époque laïque et républicaine. Sur le trottoir d'en face se tient une grande synagogue nommée Or-Hahaim, dont les fidèles sont enveloppés de manteaux et coiffés de grands chapeaux noirs comme à Vilna. Il existe tout près de là une autre synagogue beaucoup plus petite et discrète, à l'angle de la rue Julien-Lacroix et de la rue de Pali-Kao. Les hommes portent une casquette, ce qui évoque le temps où, sur le drapeau du syndicat CGT des casquettiers, la devise était écrite en yiddish.

Une anecdote

Elle date en partie du temps où l'angle du boulevard de la Villette et du faubourg du Temple était occupé par un Quick. Il y a quelques mois, un chanteur arabe était invité dans le jardin qui fait face à l'hôtel de ville de Montreuil, à l'occasion de la « semaine nationale d'éducation contre le racisme et l'antisémitisme ». Sa première chanson, *Louange*, était entièrement en arabe. Dès les premières paroles, la conseillère municipale chargée de l'organisation de l'événement « s'est agitée dans tous les sens, elle a commencé à me faire des signes de la main pour que j'arrête de chanter », raconte Rasheed (je n'y étais pas mais on me l'a raconté et c'est imprimé dans le *Courrier de l'Atlas*). Elle « m'a dit que je n'avais pas le droit de chanter cette chanson, qu'on est dans une collectivité et qu'elle a des responsabilités politiques ».

Or, il se trouve que cette femme, je la connais. La Fabrique a publié il y a une quinzaine d'années un livre sur les filles voilées, un ensemble de témoignages rassemblés par trois auteurs dont elle, à l'époque voilée et baignant dans la religion. Elle avait eu maille à partir après la sortie du livre avec un libraire de Montreuil qui, disait-elle, l'avait sinon frappée du moins traitée avec violence. Comme l'affaire menaçait de s'envenimer, je suis allé trouver le type, un maoïste noir qui m'a raconté qu'en effet il l'avait un jour poussée vers la porte : il n'en pouvait plus de ses incursions et de ses plaintes répétées (j'ai oublié les raisons). Par la suite, j'ai été mis en demeure par la bousculée et le coordinateur du livre de condamner le libraire violent. Je me souviens d'une séance de tribunal à ce fameux Quick : je percevais chez cette femme un mélange de folie et de méchanceté, si bien qu'au bout d'un moment je me suis levé et suis rentré chez moi. Après quoi j'ai été abondamment traité d'islamophobe, ce qui m'a plutôt amusé.

Et voilà maintenant la même, dévoilée, conseillère municipale, qui refuse qu'on chante en arabe dans un lieu public, qui se dresse en rempart de la blanchité contre les barbares. À propos d'une célèbre chroniqueuse ex-stalinienne passée dans les années 1990 de *L'Humanité* aux pages cultures du *Figaro Magazine*, Vidal-Naquet disait : « Ce n'est pas parce qu'on change de trottoir qu'on change de métier. »

Librairies

L'irremplaçable André Schiffrin, auteur entre autres de *L'Édition sans éditeurs* (La Fabrique, 1999), raconte que pour payer ses études il travaillait dans l'une ou l'autre des quelque trois cents librairies indépendantes qu'on trouvait à New York vers 1960. Aujourd'hui, on a trop des doigts d'une main pour les compter, comme à Londres du reste. Berlin est un peu mieux lotie, mais rien de comparable à Paris où le réseau de librairies est le plus dense et le meilleur au monde. Si plusieurs lieux importants ont fermé au cours des vingt dernières années – La Hune à Saint-Germain-des-Prés, la librairie des PUF place de la Sorbonne, Le Moniteur place de l'Odéon –, de belles et bonnes librairies ont récemment ouvert dans des coins improbables, dans le Sentier (La Petite Égypte) ou à la Goutte d'or (La Régulière).

Depuis le début du XXIe siècle, les mouvements de population – les bouleversements sociologiques si l'on veut – ont modifié les zones de prospérité de la librairie parisienne, restées jusque-là plus ou moins les mêmes depuis la jeunesse de Paul Léautaud ou d'André Breton. Montparnasse avec ses psychanalystes juifs et ses vieux peintres russes, Saint-Germain-des-Prés avec ses écrivains et ses éditeurs étaient des places fortes du livre. Désormais les vieux sont morts, les éditeurs sont partis en périphérie et les loyers ont atteint des niveaux tels que seuls peuvent habiter dans ces quartiers de vrais riches – étrangers de marque, managers à chaussures pointues ou directeurs de communication, tous petits acheteurs de livres. Si bien que le centre de gravité de la librairie s'est déplacé, passant de la rive gauche au quart nord-est de la ville, entre le faubourg Montmartre et le faubourg Saint-Antoine avec pour épicentre les collines de Belleville, Ménilmontant et Charonne. Sur quelques centaines de mètres, on trouve là un ensemble remarquable de librairies qui ne cultivent ni le snobisme élitaire ni le pessimisme sur l'avenir du livre et de la lecture.

Il est facile de repérer une bonne boulangerie ou un bon marchand de vélos, mais une bonne librairie ? On pourrait penser que c'est celle où les chances sont les plus élevées de trouver le livre qu'on cherche. C'est un peu vrai mais pas tout à fait car c'est faire un amalgame et même une confusion entre bonne et *grande* librairie, celle qui a beaucoup de place, beaucoup de fonds, beaucoup de titres, mais qui n'est pas forcément *bonne*. On pourrait même dire que la taille n'est pour rien dans l'affaire. Ce qui fait la qualité d'une librairie se décèle dès la vitrine. Si elle donne un sentiment de cohérence, s'il y a une logique claire dans le choix, entrez, c'est une bonne librairie. Celui ou celle qui a composé cette vitrine a su créer un réseau entre les auteurs, entre les titres, un réseau mental qui vaut bien tous les réseaux sociaux. En entrant, on trouvera sans doute sur les tables d'autres livres eux aussi interconnectés. Comme l'écrit Roland Alberto, libraire à Marseille, « L'objectif auquel tout libraire doit tendre, c'est une librairie où chaque livre est relié aux autres par un fil fait de rencontres, de lectures, de spéculations, d'oppositions, d'erreurs, d'errements et de notes de bas de page » (*Le livre, que faire ?*, La Fabrique, 2008). Contrairement à ce que l'on pourrait croire, le métier de libraire est l'un des plus personnels qui soient, et si aucun point de vue n'émerge de la promenade autour des tables, alors on est dans une boutique où l'on vend des livres et non dans une librairie.

Rive gauche

La rive gauche est un cas à part – je parle de la rive gauche historique, du bloc Quartier latin-Saint-Germain-des-Prés-Montparnasse, où s'est longtemps maintenue la gloire de Paris, capitale des arts et des lettres. Ces quartiers sont aujourd'hui unifiés, rendus homogènes par la prolifération des boutiques de fringues et par les restaurants, le tout moyen de gamme avec quelques îlots de luxe. Il ne s'y passe plus rien ou presque, alors que c'était dans ma jeunesse le centre de la vie intellectuelle et artistique. Les bonnes librairies, les meilleures boîtes de jazz, les bons disquaires, les grandes brasseries, tout ce qui fait vibrer une ville était là, dans un quadrilatère entre le Jardin des Plantes et la rue du Bac, entre les quais et la place Denfert-Rochereau. Les événements parisiens de mai 1968 ont tous eu lieu sur la rive gauche, et pas seulement autour de la Sorbonne et de l'Odéon : le drapeau rouge flottait partout. (Si la grande manifestation ouvriers-étudiants est partie de la place de la République, elle a très vite traversé la Seine et s'est terminée à Denfert-Rochereau.)

Vers quel moment la rive gauche a-t-elle basculé pour devenir le morne super-étalage qu'elle est aujourd'hui ? Je situerais le tournant dans les années 1970-1980. Tout d'abord, la réforme de l'université concoctée par le sémillant Edgar Faure a fait éclater aux quatre coins de la banlieue l'extraordinaire concentration de la jeunesse étudiante qui occupait le Quartier latin et y faisait régner gaieté et animation malgré le gaullisme ambiant. Tous les étudiants n'habitaient pas là mais tous, toutes venaient y travailler, y flirter, y boire des coups. La rue Soufflot, la rue des Écoles, le jardin du Luxembourg, le carrefour de l'Odéon, c'était leur domaine. Il reste bien sûr Jussieu et Censier mais il faut montrer ses papiers pour entrer à la Sorbonne. Le nom même de Quartier latin a perdu son sens originel.

Mais pendant ces années-là, c'est le cœur tout entier de la rive gauche qui a vu sa population changer. Les vieux psychanalystes, les vieux écrivains, les derniers tenants de l'existentialisme sont morts et ceux qui restaient n'ont plus été capables de payer des loyers montés en flèche. Ils ont été remplacés par des gens plus riches mais dont la culture et l'art n'étaient pas la principale préoccupation. À la librairie La Hune, boulevard Saint-Germain à l'angle de la rue Saint-Benoît (aujourd'hui boutique Louis Vuitton), on tombait autrefois dès l'entrée sur une grande table carrée où étaient présentées les dernières nouveautés en philosophie, en politique, en théorie littéraire, en sociologie. En un coup d'œil, on était au courant. Or un jour, j'ai vu à mon grand étonnement cette même table occupée par des romans à la mode du moment. La gérante m'a expliqué : « Ordre de la direction, la population du quartier a changé, il faut leur présenter ce qu'ils aiment. » Même son de cloche chez Tschann, la grande librairie de Montparnasse, qui n'a pas viré de bord, qui a courageusement maintenu son niveau d'exigence mais au prix de grandes difficultés.

Entre-temps sont arrivés les grands cinémas multisalles qui ont modifié le paysage même et attiré le soir une population venue d'ailleurs. Et les vieux cafés et restaurants historiques – Le Dôme, La Coupole, La Closerie des Lilas, Les Deux Magots, le Café de Flore – sont devenus des lieux si chics et si chers que les fantômes de Trotski, de Picasso et de Sartre y seraient bien dépaysés.

S'il fallait malgré tout conseiller un itinéraire à travers la rive gauche, je choisirais la rue Saint-Jacques qui n'a guère changé depuis que j'étais élève au lycée Louis-le-Grand au début des années 1950. On commencerait en bas, à l'angle avec le quai Saint-Michel marqué par l'hôtel Notre-Dame où eut lieu en novembre 1948 la réunion fondatrice du groupe Cobra (COpenhague-BRuxelles-Amsterdam) : il y avait là des inconnus qui allaient devenir célèbres, entre autres

Christian Dotremont, l'auteur du manifeste initial « La cause était entendue », Asger Jorn, Constant, Corneille…

La marche se terminerait au sud, avec les bâtiments de la maternité de Port-Royal qui englobent et masquent une église construite dans les années 1620-1650 pour remplacer Port-Royal-des-Champs, foyer du jansénisme. En gravissant la pente de la rue Saint-Jacques, on aura ainsi remonté le temps, de la modernité au baroque, de Karel Appel à Antoine Le Pautre – un itinéraire parisien entre tous où l'on aura longé la nef de Saint-Séverin, l'église Saint-Jacques-du-Haut-Pas, le Val-de-Grâce et la Schola Cantorum où étudièrent Erik Satie, Olivier Messiaen et Edgar Varese.

Zinc

Quel est le plus parisien de tous les matériaux ? Certains diront que c'est le plâtre – on dit « plâtre de Paris » comme on dit « champignons de Paris » et Balzac parle de la ville à la première page du *Père Goriot* comme de « cette illustre vallée de plâtras toujours près de tomber et de ruisseaux noirs de boue ». Si Paris n'a pas subi de grands incendies comme celui qui détruisit Londres en

1666, c'est sans doute grâce à l'édit de Philippe le Bel imposant d'enduire de plâtre les façades de toutes les maisons. Et la plupart des bâtiments pauvres de la ville ancienne ont été construits en pans de bois comblés par des caillasses et recouverts de plâtre. Depuis, le parpaing et la brique, le métal et le verre l'ont partout emporté.

Mais il est aujourd'hui un élément commun à la majorité des immeubles parisiens : la couverture de zinc. Elle a fait son apparition sous la Restauration et la monarchie de Juillet, elle s'est généralisée avec le bâti haussmannien et continue à être largement utilisée. Le zinc une fois légèrement oxydé prend une teinte gris bleuté qui se marie au gris plus chaud, teinté de jaune et d'un soupçon de rose, la couleur du crépi dont les maçons arabes ou maliens enduisent les façades. Grâce au savoir-faire des couvreurs-zingueurs, le zinc est d'une plasticité qui permet d'entourer les conduits de cheminée, de garnir les lucarnes en chien-assis, d'échafauder les rehaussements les plus audacieux, de souligner par les gouttières les continuités en enfilade. Il permet d'étonnantes réalisations comme les grands combles cintrés des immeubles de la place Saint-Michel qui superposent jusqu'à quatre niveaux de logements. Les toits de Paris, mille fois photographiés et mis en chansons, c'est au zinc qu'ils doivent leur unité et leur charme. Et on le retrouve plus bas, sur les comptoirs avec *Le Parisien* du jour, le petit café du matin, le pastis à l'heure de l'apéritif, les discussions sur le match de la veille. Peu importe que le comptoir soit revêtu de laiton (d'ailleurs il y a du zinc dans le laiton), c'est bien *sur le zinc* que persiste, malgré McDonald's, malgré les portables et les écrans de télé, une bonne part de la vie en commun à Paris.

Boulevard périphérique

Depuis le XIIIe siècle, cinq enceintes ont été construites autour de Paris (enceinte de Philippe Auguste, de Charles V, boulevard de Louis XIV, mur des Fermiers-Généraux, fortifications de Thiers) et l'une après l'autre elles ont été détruites pour laisser la ville s'agrandir. Le boulevard périphérique, dernière en date, est toujours debout malgré la question qui tourne en boucle depuis plus de vingt ans : comment s'en débarrasser ?

Poser ainsi la question c'est déjà s'embarquer sur une mauvaise bretelle : c'est supposer que ce mur de béton est à prendre comme un tout auquel il faudrait appliquer une réponse globale. Or le périphérique est fait de sections très différentes. Pour prendre des extrêmes, quoi de commun entre la partie ouest sagement enterrée dans le bois de Boulogne entre la porte Maillot et la porte de Saint-Cloud et le segment nord du côté des portes de la Chapelle et de Clignancourt, enfer où les migrants entassent leurs tentes sur les berges mêmes du boulevard ?

Pourtant certains préconisent une solution d'ensemble, par exemple une promenade plantée circulaire, en rappelant le boulevard construit sous Louis XIV sur l'emplacement de l'enceinte fortifiée de Charles V. Mais cette référence ne tient pas : le boulevard de Louis XIV marquait réellement la limite extrême de la ville. Sur ce qui est aujourd'hui « les Grands Boulevards », les beaux hôtels – tous sur le côté sud – avaient vue sur la campagne et ses chemins de terre avec au loin les moulins de la butte Montmartre. Le périphérique au contraire chemine presque partout dans une zone depuis longtemps urbanisée, souvent très dense, où une promenade plantée (ou une piste cyclable, ou…) flotterait comme une pièce rapportée, comme un artifice pour escamoter les problèmes. Il faut se faire à cette idée : chaque segment du périphérique demande un traitement adapté.

Se débarrasser du boulevard de béton suppose deux préalables. Le premier est de supprimer totalement la circulation automobile – sinon, autant économiser les milliards et se contenter de quelques améliorations ponctuelles. Le second est de profiter des travaux pour traiter la large emprise du périphérique qui sépare Paris des communes limitrophes. On sera ainsi fidèle à l'esprit de cette ville qui a toujours grandi par couches concentriques et non en poussant des pseudopodes ou en développant des métastases comme Tokyo ou Londres. Ce nouveau Grand Paris aura une cohérence alors que les plans actuellement élaborés, fondés sur des lignes de transport centrifuges, ne feront que disloquer davantage le tissu urbain. Je laisse de côté les redoutables problèmes

de spéculation immobilière, de hausse des loyers, de chasse des pauvres plus loin encore du centre ville. Espérons qu'entre-temps le paysage politique du pays aura suffisamment changé pour que ces effets dévastateurs puissent être évités.

Il faudra donc urbaniser l'espace compris entre le boulevard des Maréchaux et le boulevard en béton, espace qui inclut la ceinture des HBM des années 1920. Certes, parfois le boulevard des Maréchaux et le périphérique sont très distants l'un de l'autre (le long du boulevard Mortier par exemple) ou séparés par un bâtiment important (l'hôpital Robert-Debré le long du boulevard Sérurier ou les bâtiments du ministère de la Défense le long du boulevard Victor) et dans ce cas il n'est pas possible de traiter la zone de façon globale. Mais dans l'ensemble les deux boulevards sont parallèles et proches, et il y a tout à gagner à considérer l'ensemble qu'ils forment avec les HBM entre eux.

Le plus souvent, enterrer le périphérique ne suffit pas, comme en témoigne l'état actuel du côté de la porte des Lilas, en regard des boulevards Sérurier et Mortier. Là, le périphérique a été escamoté sous terre, laissant un grand vide entre les derniers HBM et les premiers bâtiments des communes des Lilas et de Bagnolet. Pour tenter de le combler, on a créé à gauche un « espace vert », le jardin Serge-Gainsbourg – pelouse entourée d'arbres poussiéreux et de grilles métalliques. À droite, on a implanté un énorme cinéma, un bloc cubique tout noir, doublé en arrière par un dépôt d'autobus. Rien de tout cela ne fait lien entre le haut de la rue de Belleville et les premiers immeubles des Lilas. Il persiste une béance de plusieurs centaines de mètres, dont la traversée à pied ou à vélo est hasardeuse surtout la nuit.

En contraste, non loin de là, un ensemble tranche sur le désastre du nord-est. Sur une idée de Rem Koolhaas, le long du boulevard Macdonald les entrepôts Calberson datant des années 1960 ont été conservés et servent de socle à une série de modules dessinés par quinze architectes. Ils sont jointifs mais leur dessin et leur couleur sont différents, certains sont des bureaux, d'autres des logements. De là, en traversant le boulevard Macdonald on entre dans un petit quartier qui s'étend jusqu'au périphérique. Oui, un quartier, avec des rues qui ne sont pas des couloirs glaciaires comme dans le nouveau XIIIe, des coins, une école, un cinéma – on peut discuter l'architecture des bâtiments, mais le boulevard est animé par des cafés, des restaurants et même un libraire d'occasion. Ce quartier une fois traversé, on arrive sur le périphérique qui est bordé d'arbres et enjambé par une passerelle piétonne en bois qui permet d'atteindre Aubervilliers. Il suffirait de faire disparaître le périphérique pour que la jonction soit établie entre Paris et la commune limitrophe.

D'un segment à l'autre, les difficultés sont variables pour réussir cette jonction. Il ne s'agit pas seulement de distance : sur une carte, entre la porte d'Orléans et la porte de Sèvres, le boulevard des Maréchaux et le périphérique sont parallèles et très proches mais sur le terrain il existe une nette différence de part et d'autre de la porte de Vanves. Dans le premier segment, entre la porte d'Orléans et la porte de Vanves, le boulevard Brune est bordé par de magnifiques HBM des années 1920-1925 qui forment une épaisse ceinture de brique et pierre (ou béton). En face, du côté Montrouge, c'est un joli bâti de banlieue, petites maisons, bâtiments jadis industriels, collège (Robert-Doisneau comme il se doit ici)… Dans l'intervalle, les quelques centaines de mètres entre Paris et Montrouge sont occupées par de beaux jardins, par le cimetière communal de Montrouge et bien sûr, du côté Montrouge, par le périphérique en tranchée bordée d'un mur antibruit. Ici, il suffirait de combler cette tranchée et de détruire le mur pour pouvoir cheminer paisiblement entre Montrouge et Paris. Dans le second segment, au-delà de la porte de Vanves, les choses se compliquent : la ceinture de HBM est entrecoupée de barres datant des années 1960 ; l'espace entre Paris et la banlieue (Malakoff) est occupé par d'immenses équipements sportifs, par la masse de lycées (Raspail, François-Villon) qu'il est évidemment exclu de supprimer. Le tout est traversé en hauteur par les voies ferrées de la gare Montparnasse et vient buter sur la masse du Parc des Expositions à la porte de Versailles. L'espace urbain est disloqué et l'escamotage du périphérique (souterrain par endroits) n'y changerait pas grand-chose. Ce contraste entre deux segments contigus souligne qu'il faut réfléchir à une solution différente pour chaque partie du boulevard périphérique.

On pourrait garder comme pièce détachée l'ensemble infernal de la porte de la Chapelle pour montrer aux Parisiens de l'avenir ce à quoi ils ont échappé avec la disparition du boulevard périphérique.

Noms des rues

Pour passer de la place de la République au canal Saint-Martin, on a le choix entre la rue Beaurepaire et la rue Léon-Jouhaux. Nicolas Beaurepaire, qui commandait pendant la Révolution le régiment de Maine-et-Loire, dirigeait en septembre 1792 la défense de Verdun assiégé par les Prussiens. Le conseil municipal ayant décidé de capituler, Beaurepaire se tira une balle dans la tête. La Convention vota le transfert de sa dépouille au Panthéon. Léon Jouhaux, lui, organisa avec l'argent américain la scission du mouvement syndical français au moment des grandes grèves insurrectionnelles de 1947. Il reçut en 1951 le prix Nobel de la paix. Ainsi, au gré des majorités municipales et de l'esprit du temps, la gloire et l'infamie voisinent-elles sur les plaques bleues où sont inscrits les noms des rues de Paris.

Il n'en a pas toujours été ainsi. Pendant très longtemps, ces rues ont porté des noms qui n'avaient rien de politique. Rue des Lavandières-Sainte-Opportune, rue Gît-le-Cœur, rue du Chat-qui-Pêche, rue des Blancs-Manteaux : ces noms poétiques étaient liés à un caractère, à un détail particulier de la rue. Ils étaient là pour désigner et non pour honorer qui que ce soit. Les rares exceptions étaient les noms de membres de la famille royale – comme la place et la rue Dauphine, en l'honneur du dauphin, le futur Louis XIII – ou de grands ministres comme Richelieu, Colbert ou Mazarin, mais dans ce cas le nom de la rue était lié à l'hôtel que ces personnages illustres s'y étaient fait construire.

Souvent, c'était une enseigne qui servait à désigner la rue – du Roi-Doré, de la Lune, de la Colombe, de l'Arbre-Sec. Ailleurs, c'était un propriétaire local comme Julien Lacroix, Aubry-le-Boucher ou Bertin-Poirée. Parfois, le nom évoquait le métier qui s'exerçait là : Ferronnerie, Verrerie, Coutellerie ou Grande-Truanderie. Parfois encore il venait d'une église ou d'un couvent que la rue longeait ou desservait : rue des Nonnains-d'Hyères, des Haudriettes, des Prêtres-Saint-Séverin ou la rue Saint-Martin qui menait au grand prieuré de Saint-Martin-des-Champs, l'actuel Conservatoire des arts et métiers.

La Révolution abolit les « Saints » et débaptisa les rues trop marquées d'Ancien Régime : la rue Notre-Dame-des-Victoires devint ainsi la rue des Victoires-Nationales, la place Vendôme devint la place des Piques, la rue Royale, la rue de la Révolution et la rue des Francs-Bourgeois, la rue des Francs-Citoyens. Mais les seuls personnages de l'éphémère toponymie révolutionnaire furent les grands martyrs : place Chalier (de la Sorbonne), rue Marat (de l'École-de-Médecine).

C'est sous l'Empire que pour la première fois les noms de rues furent utilisés à la gloire du régime : les victoires – Lodi, Castiglione, Marengo, Rivoli, Austerlitz, Iéna – et les morts au combat – Desaix (tué à Marengo), Bourdon, Castex, Morland, Valhubert (morts à Austerlitz). Napoléon III suivra l'exemple de son oncle : parmi les nouvelles voies percées par Haussmann, plusieurs portent le nom des victoires en Crimée – l'Alma, Malakoff, Sébastopol – ou sur les Autrichiens en Italie – Magenta, Solferino, Palestro, Turbigo. Et même la désastreuse aventure mexicaine a sa rue (un lecteur me l'a signalé), la rue du Borrégo, dans le XXe arrondissement, qui immortalise l'une des rares victoires française dans cette équipée.

Au début de la IIIe République, il fallait trouver beaucoup de nouveaux noms, aussi bien dans les quartiers centraux, où les tracés haussmanniens étaient encore en chantier, qu'à la périphérie où s'achevait l'annexion des villages de la couronne, d'Auteuil à Montmartre, des Batignolles à Belleville. Dans la liste de ces noms transparaît la lutte entre le conseil municipal, anticlérical, radical et socialiste, et le préfet de la Seine, qui suivait les consignes du ministre de l'Intérieur. Il est cependant un point qui semble avoir fait consensus : la glorification de l'épopée coloniale, de l'Algérie (rue de la Smala, de Mouzaïa, de Constantine) – au Tonkin (rue de Sontay) et même à la Chine (rue de Pali-Kao), sans compter les nombreux officiers qui avaient gagné galons et étoiles dans ces campagnes, comme Bugeaud, Lamoricière, Lamy, Marchand, Gouraud, Mangin, Faidherbe, etc.

Anticléricaux et dreyfusards réussirent à donner à la rue des Rosiers, qui montait vers le Sacré-Cœur en cours de construction, le nom du chevalier de La Barre, roué en 1766 pour blasphèmes et irrespect envers une procession. De même, le nom d'Étienne Dolet, imprimeur humaniste brûlé en 1546 pour diffusion de l'athéisme, fut donné à une petite rue menant à l'église de Ménilmontant. Les élus de gauche parvinrent même à faire célébrer quelques-unes des figures de la Commune, avec les rues Charles-Delescluze, Eugène-Varlin, Jules-Vallès, Jean-Baptiste-Clément ou la place Jules-Joffrin.

Mais l'audace des édiles avait ses limites. S'agissant de la Révolution, ils choisirent d'honorer des dantonistes – Camille Desmoulins, Fabre d'Églantine, Hérault de Séchelles et Danton lui-même – et des Girondins, comme Vergniaud, Pétion ou Condorcet. On trouve même dans les beaux quartiers des voies qui commémorent des thermidoriens présentables comme Cambon ou

Boissy d'Anglas. Mais c'est en banlieue, dans l'ex-ceinture rouge que l'on peut trouver des rues Marat, Robespierre, Varlet ou Babeuf. Il existe bien une rue Saint-Just à Paris, mais elle est difficile à trouver, coincée entre le dos du lycée Honoré-de-Balzac et le boulevard périphérique : personne n'y habite, vu qu'elle longe le mur d'entrée du cimetière des Batignolles.

À la Libération, le conseil municipal socialo-communiste donna à plusieurs voies importantes les noms de morts de la Résistance : Corentin Cariou et Corentin Celton, Marx Dormoy, Jean-Pierre Timbaud, fusillé à Chateaubriand, le colonel Fabien, tué sur le front d'Alsace en 1945, Léon-Maurice Nordmann, du réseau du musée de l'Homme. Dans la liste, on trouve même une femme, communiste de surcroît, Danielle Casanova. Dans la foulée, le conseil décida en 1946 de donner le nom de place Robespierre à la place du Marché-Saint-Honoré – emplacement du couvent des Jacobins et du célèbre club dont Robespierre fut l'animateur et l'orateur le plus en vue. L'anomalie ne dura que quatre ans : en 1950, le conseil passé à droite supprima de la carte parisienne ce nom détesté.

Plus récemment, la construction d'un nouveau quartier autour de la Bibliothèque nationale de France offrait une occasion exceptionnelle d'honorer la littérature moderne. Mais les noms choisis sont révélateurs des goûts littéraires de nos édiles : ni Sartre, ni Genet, ni Beckett, ni Foucault – mais François Mauriac, Jean Anouilh, Georges Duhamel et Marguerite Duras.

Aujourd'hui, les voies nouvelles à baptiser devenant rares, on donne des noms à de simples carrefours : places Hannah-Arendt ou Henri-Krasucki à Belleville, place Michel-Debré à Saint-Germain-des-Prés. Mais on pourrait mieux faire : pourquoi ne pas débaptiser des voies dont le nom est comme un déshonneur urbain : la place Napoléon III devant la gare du Nord, l'avenue Mac-Mahon – général capitulard, président factieux, crétin notoire –, la rue Thiers, dont on pourrait penser qu'elle n'est pas possible à Paris, la rue Alexis-Carrel, faux savant, eugéniste et vichyste. Et parmi les 71 généraux dont une rue porte le nom, combien de criminels des guerres coloniales, combien de bourreaux du peuple parisien mériteraient de rentrer dans l'anonymat… On pourrait les remplacer par des femmes, presque absentes des plans de Paris si l'on excepte les saintes et les sœurs. On pourrait y ajouter des personnages romanesques : Lucien de Rubempré ou Charles Swann ont sans doute plus de titres à avoir une rue à leur nom dans Paris que bien des vieilles gloires bourgeoises et académiques.

Cafés

Dans Paris, une soif qui vous saisit soudain sera vite étanchée : à toute heure du jour et jusque tard dans la nuit, on est sûr de trouver sans aller très loin un bistrot, un bar, un café. À moins que l'on ne se soit égaré dans l'un des rares quartiers à cet égard déshérités, du côté des ministères ou sur l'une des longues avenues désertes du XVIe arrondissement. C'est une notable différence avec New York, Berlin ou Londres où le pub, magnifique institution, implique un certain cérémonial, un processus lent qui n'a rien à voir avec le petit noir pris vite fait sur le zinc.

Car ce qui définit un vrai café, c'est l'existence d'un comptoir. Les établissements qui en sont dépourvus – qu'ils n'en aient jamais eu ou pire, qu'ils l'aient supprimé – peuvent prétendre au nom de café mais ils ne le méritent pas. Au Café de la Paix place de l'Opéra, Chez Francis à l'Alma ou aux Deux-Magots place Saint-Germain-des-Prés, on peut bien commander un café mais l'absence de comptoir (comme le style des serveurs) rend impossible toute confusion avec un authentique café parisien.

Depuis une bonne douzaine d'années, il s'est produit une mutation du café banal, ce lieu où se rencontrent le matin des mamans revenant de la crèche et le soir des copains pour l'apéro. Jusque-là, c'était un établissement souvent tenu par un patron kabyle qui faisait le service tout seul, au bar, en salle et en terrasse s'il y en avait une. Parfois il était secondé par un jeune, un cousin venu du bled – le patron, lui, étant plus parisien, plus « du quartier » que beaucoup de natifs de la capitale. De tels cafés, il en existe encore beaucoup, surtout dans les quartiers populaires et en banlieue, mais en centre-ville ils sont plus rares. Ce qu'on trouve aujourd'hui, ce sont des cafés qui ne se limitent pas à « la limonade » (mot du métier pour désigner le service des boissons) mais qui proposent aussi des plats cuisinés à l'heure du déjeuner. On dira que c'est mieux que de se voir submergés par les mangeoires en chaînes, de McDonald's à Subway. C'est vrai mais l'inconvénient est qu'à partir de 11 heures les tables sont dressées – une serviette et des couverts – et il n'est pas toujours facile d'en trouver une pour un simple café. Les établissements les plus sympathiques en réservent quelques-unes, en marge, dans les coins. Le décor habituel, les bouteilles d'apéritifs ou de digestifs datant des années 1930, Suze, Picon, Lillet, Fernet-Branca, sont encore là derrière le comptoir, mais la vue est brouillée par l'étalage des « formules » – mot qui a remplacé le vieux « menu » – et par l'annonce des « Happy Hours » où l'on réduit le prix de la pinte de bière (mesure anglo-saxonne jadis inconnue dans les cafés parisiens). À Milan ou à Rome, où le café et la nourriture sont meilleurs qu'à Paris, la frontière est maintenue entre les lieux où l'on savoure la boisson amère, debout, en mangeant éventuellement un œuf dur, et la trattoria où l'on déjeune.

Certains cafés parisiens sont dits *branchés*, sans que le mot soit clairement défini. Ce ne sont pas les plus chics, le niveau d'élégance n'est pour rien dans l'affaire. Ce qui fait un café branché, ce ne sont ni le décor ni le prix des consommations mais la clientèle. Récemment encore, il y avait comme un cas d'école à l'abouchement de la rue Desnoyers dans la rue de Belleville : deux cafés face à face. À gauche Aux Folies, café archi branché depuis au moins quinze ans, où les attablés ont presque tous moins de trente ans et sont blancs dans leur ensemble, ce qui détonne dans l'une des rues les plus multicolores de Paris. Il y a parmi eux des jeunes gens et de jeunes filles sans travail, d'autres qui gagnent leur vie dans une profession plus ou moins artistique – design, architecture, cinéma, photographie –, d'autres encore qui sont des étrangers, surtout américains, installés dans le quartier ou de passage. Les quelques Noirs et Arabes sont dispersés, rarement en groupes, et les Chinois sont rares dans cet établissement implanté au sein du Chinatown qu'est depuis longtemps le bas de la rue de Belleville. On boit presque exclusivement des bières, et en groupes : il est rare de voir un isolé lisant le journal dans son coin. Garçons et filles sont habillés, coiffés et chaussés de façon très codée, variant selon les saisons, ce qui en fait une population homogène dont les membres ont entre eux une ressemblance frappante. Si l'on est bienveillant, c'est une jeunesse réunie qui s'amuse; sinon, c'est une assemblée de clones qu'on retrouve avec quelques nuances dans tous les cafés de la même espèce.

En face, Le Vieux Saumur était (à l'imparfait, car il a été démoli en même temps qu'a été détruit par la mairie de Paris le segment attenant de la rue Desnoyers) un café à l'ancienne : moins de monde, moins de bruit, des vieux du quartier, des travailleurs arabes, des clients isolés ou par couples. Les rendez-vous qu'on s'y donnait étaient paisibles, on pouvait y lire et même écrire tranquillement. Il y aurait pu y avoir là, comme autrefois, un juke-box ou un flipper. C'était un havre comme il en existe encore beaucoup – et pourvu que ça dure.

Les cafés branchés ne surgissent pas n'importe où. Ils prolifèrent dans des quartiers populaires (c'est-à-dire à forte population immigrée ou d'origine immigrée) en cours d'embourgeoisement. On trouve souvent au départ un détonateur – comme l'a été le Café Charbon rue Oberkampf, vieux bougnat transformé dans les années 1990, qui a lancé la « branchitude » dans sa rue et le micro-quartier alentour. Les environs des marchés, où la population est plus mêlée qu'ailleurs, sont eux aussi propices à l'éclosion de cafés branchés, comme à Aligre ou dans ce fief kurde qu'est le début de la rue du Faubourg-Saint-Denis, ou encore plus récemment autour du joli marché de l'Olive dans le nord du XVIIIe arrondissement.

Le café parisien a longtemps été un cadre littéraire et artistique. Pour Diderot et Balzac, Breton et Miller, Manet et Brassaï, le café était bien plus qu'un simple décor : une source d'éclairage sur le physique et l'âme des personnages. Des groupes se sont fondés dans des cafés, comme COBRA en 1948 au café de l'hôtel Notre-Dame, à l'angle de la rue Saint-Jacques et du quai Saint-Michel. Les surréalistes, l'Internationale Situationniste avaient leur vie rythmée par des rencontres dans les cafés. Et puis, vers le moment où est apparu l'ordinateur portable (sans qu'il y ait de lien causal clair), ce tropisme, dont l'origine remonte aux cafés littéraires du XIXe siècle, s'est défait. C'est pourquoi l'on peut éprouver du réconfort en lisant dans *Tiens ferme ta couronne*, de Yannick Haenel, un long passage qui se déroule dans un café nommé *Les Petits Oignons* dont les murs sont peints en rouge et qui se trouve dans le XXe arrondissement non loin de la place Gambetta.

Végétalisation

Le mot n'est pas joli, mais la chose ! C'est prendre un lieu qui ne demande rien à personne et le défigurer. Exemple : le square Bolivar, triangle en pente entre le boulevard du même nom et la rue Clavel, avait un revêtement de gros pavés irréguliers et cinq superbes marronniers alignés sur la médiane du triangle. Les végétaliseurs ont frappé il y a quelques années. Désormais les pavés sont entrecoupés de barres de ciment et les marronniers sont prisonniers d'une grille métallique. À l'intérieur du triangle vert foncé on a déversé de la terre et planté de ces arbustes ternes et poussiéreux dont la direction des espaces verts est grande consommatrice. L'endroit digne d'être photographié par Cartier-Bresson ou Robert Frank a été transformé en un fragment de ville nouvelle parachuté au cœur du XIXe arrondissement. On trouve la même grille et les mêmes arbustes tout au long du boulevard de la Villette et sur la noble courbe des boulevards de Rochechouart et de Clichy. Pendant la guerre de 1914, Sacha Guitry avait réalisé une série de courts-métrages intitulée « Ceux de chez nous ». Dans l'un de ces films on voit déambuler sur le boulevard de Clichy un homme âgé qui marche lentement dans la foule. Commentaire off de Guitry : « C'est Degas ». Comment l'aveugle qu'il était devenu aurait-il pu trouver son chemin au milieu des grilles, des pistes cyclables, des barrières métalliques, de tout ce fatras qui encombre aujourd'hui le boulevard ?

Il y a mieux – ou pire. Un peu partout dans la ville on a retiré les magnifiques grilles rondes entourant et protégeant le pied des arbres. À la place, on a créé des « espaces verts », quelques mètres carrés d'une vague pelouse rapidement parsemée de canettes vides et de papiers gras. Sur le boulevard de Belleville, entre ces espaces on trouve des bancs de couleurs vives et des instruments de culture physique parfaitement déplacés. Il est difficile de trouver meilleure façon d'ignorer, de mépriser l'esprit d'un lieu. Dans son introduction aux *Promenades de Paris*, Alphand, le grand architecte-jardinier responsable de tant de jardins et squares parisiens, écrit : « La pensée de l'artiste est guidée par des formules générales, transmises par la tradition et modifiées par les exigences quotidiennes dont l'ensemble imprime à toutes les œuvres d'une époque et d'une nation une physionomie particulière, en harmonie avec le degré de civilisation auquel un peuple est arrivé, et qui caractérise son génie. » À quel degré de civilisation sommes-nous donc tombés ?

Jean-Paul Sartre

Il y a dix ans, nous avons publié à La Fabrique le livre d'un historien anglais, Ian Birchall, sur *Sartre et l'extrême gauche française*. Un excellent livre qui raconte les quelque cinquante ans de la trajectoire politique sartrienne et qui décrit ce qu'était alors l'extrême gauche non communiste, ses personnages – Colette Audry, David Rousset, Merleau-Ponty, Daniel Guérin, Claude Lefort et bien d'autres – et ses combats pendant la guerre froide, la guerre d'Algérie, la guerre du Vietnam, les événements de mai 1968… Je faisais l'éloge du livre auprès de Natacha, libraire dont les avis comptaient – comptent toujours – beaucoup pour moi. Elle me dit : « Ça ne se vendra pas » et devant mon étonnement elle ajouta : « Sartre, ça n'intéresse personne aujourd'hui. » Elle avait bien vu : ce livre fut un échec complet.

Comment une telle mise aux oubliettes est-elle possible ? Aurait-on oublié que Sartre fut au premier rang dans tous les bons combats de son temps ? Rappelons-les donc si l'on ne s'en souvient plus – je m'appuie sur l'excellente biographie d'Annie Cohen-Solal. En 1952, Sartre publie *Saint Genet, comédien et martyr*, long portrait, longue apologie d'un repris de justice, d'un voleur et pire encore, d'un type qui se glorifiait d'être homosexuel (on disait alors pédéraste). Scandale énorme, Mauriac, Claudel sont horrifiés, mais on a oublié qu'à l'époque l'homosexualité était également mal vue à gauche, chez les communistes et même chez les surréalistes. La même année, Sartre apporte son soutien à Henri Martin, marin et communiste, emprisonné pour son action contre la guerre d'Indochine. Il publie un long texte dans un ouvrage collectif avec Jean-Marie Domenach, Michel Leiris, Jacques Prévert. « C'est son affaire Calas », dit-on alors. Pendant la guerre d'Algérie, Sartre défend Francis Jeanson, chef d'un réseau d'aide au FLN-France, il témoigne à son procès, il contribue au lancement du « Manifeste des 121 » qu'il fait intégralement publier dans sa revue, *Les Temps modernes*. Thierry Maulnier dans *Le Figaro* du 30 septembre 1960 : « La France réelle doit être vaincue pour que triomphe la France sartrienne, l'idée révolutionnaire de la France que M. Jean-Paul Sartre a substituée à la France, qu'il préfère à la France. » Sur les Champs-Élysées, on crie « Algérie française » et « Fusillez Sartre ! ». En 1961, il écrit la retentissante préface des *Damnés de la terre* de Frantz Fanon, qui paraît chez Maspero. Son appartement de la rue de Rennes est plastiqué en 1962. Il refuse le prix Nobel qui lui est attribué en 1964. En 1968, il est président du tribunal Russell qui enquête sur les crimes de guerre de l'armée américaine au Vietnam. Pendant les événements de Mai, il affirme sa solidarité avec les étudiants – qui l'appellent Polo –, et le 20 mai il prend la parole dans le grand amphithéâtre de la Sorbonne occupée – il est le seul intellectuel à pouvoir parler en public pendant ces semaines chaudes.

En mai 1970, il accepte de devenir le directeur-gérant de *La Cause du peuple*, journal maoïste régulièrement saisi par les services de Marcellin, ministre de l'Intérieur. Avec Simone de Beauvoir, il va vendre le journal sur les Grands Boulevards – il est même arrêté pendant quelques heures. Le 21 octobre 1970, il prend la parole devant les ouvriers à la sortie des usines Renault de Billancourt – image célèbre de ce petit homme dans sa canadienne debout sur un tonneau de fuel, micro à la main. En mai 1973, avec Serge July et Philippe Gavi, il fonde un nouveau journal, *Libération*. « J'abandonne la littérature et la philosophie pendant six mois, je veux qu'il soit bien dit que j'ai fait tout ce que j'ai pu pour ce journal. » En décembre 1974, très malade et presque aveugle, il parvient à rendre visite à Andreas Baader qui mène une grève de la faim dans la prison de Stammheim, près de Stuttgart. Dans une conférence de presse il déclare : « Les conditions de vie dans la prison sont intolérables. Le gouvernement et les autorités pénitentiaires ont une singulière manière de considérer les prisonniers politiques. »

Un impressionnant trajet, une vie magnifique – sans parler de son œuvre de philosophe, de romancier, d'homme de théâtre. Comment expliquer le désamour actuel ?

Il tient je pense à quatre raisons, perçues et développées dans quatre milieux différents. Chez les spécialistes, la philosophie de Sartre n'a plus guère cours aujourd'hui. Pour lui la notion de sujet est

cruciale mais le structuralisme d'abord puis des auteurs aussi influents que Michel Foucault et Gilles Deleuze ont mis le sujet au placard. Chez les gauchistes, son rapprochement avec un PCF plus stalinien que jamais (un flirt de quatre années, de la manifestation contre Ridgway en 1952 jusqu'à l'intervention soviétique en Hongrie en 1956) est une erreur inexcusable. Chez presque tout le monde, Sartre avait tort dans sa controverse avec Camus – peu de gens en connaissent le détail mais Camus est aujourd'hui une idole française qu'il n'est pas question de déboulonner. Enfin plus récemment, Houria Bouteldja, cofondatrice des Indigènes de la République, dans un livre qui nous a valu beaucoup d'ennemis surtout parmi ceux qui ne l'ont pas lu (*Les Blancs*, *les Juifs et nous*, La Fabrique, 2016), reproche à Sartre sa fidélité au projet sioniste, sa « bonne conscience blanche ».

Il y a sûrement du vrai dans tous ces griefs, mais un point me rapproche de lui, fait de moi l'un des orphelins de Sartre : c'était un Parisien. Pas un écrivain parisien – sauf erreur il n'a jamais écrit sur Paris, même si son grand roman en trois tomes, *Les Chemins de la liberté*, a Paris pour toile de fond. Mais on peut lui décerner à titre posthume le titre de Parisien d'honneur. Toute sa vie, il l'a passée à Paris, avec l'intermède de la guerre. Toujours rive gauche. À son retour d'Allemagne, il vit avec Simone de Beauvoir à l'hôtel Louisiane, rue de Seine. En 1945, il s'installe (avec sa mère) au 42 rue Bonaparte, en face de l'église Saint-Germain-des-Prés. Il va y rester dix-sept ans. En 1962 il quitte Saint-Germain pour Montparnasse : il prend un petit studio boulevard Raspail qu'il est obligé de quitter en 1974 pour un vilain immeuble du boulevard Edgar-Quinet. Certains cafés – Le Raspail Vert boulevard Raspail, La Liberté à l'angle du boulevard Edgar-Quinet et de la rue de la Gaîté, où il prenait son petit déjeuner et fumait ses premières cigarettes – sont pour moi (et sans doute pour d'autres) des lieux de sa mémoire.

Un jour dans les années 1970, j'ai vu Sartre assis, fatigué, sur un banc de la place Saint-Sulpice. Simone de Beauvoir était debout près de lui. C'était émouvant et j'ai eu envie d'aller les embrasser ou de faire ce que Léautaud raconte dans son *Journal*, quand il avait envoyé un gamin porter un bouquet de violettes à Verlaine qui cuvait son vin, affalé dans un café au bas de la rue Soufflot. Mais il n'y avait ni gamin ni violettes et pour finir je n'ai rien fait, ce que je me reproche encore aujourd'hui.

Verrues urbaines

La rue Lesage est une courte voie tendue entre la rue Julien-Lacroix et la rue Tourtille. Comme la plupart des rues du quartier, elle est bordée d'immeubles de trois ou quatre étages d'un bâti qui date de la seconde moitié du XIXe siècle, un habitat ouvrier rendu homogène par le beau crépi jaune pâle, tradition parisienne maintenue par les maçons qui se sont succédé depuis, des Italiens aux Portugais et aux Maliens aujourd'hui. Au milieu de la rue, sur le côté gauche en montant, le charme est rompu par un bloc presque carré, lisse, gris foncé, qui tranche par sa forme brutale et son horrible couleur sur l'harmonie discrète de la rue.

Au 36 de la rue de Belleville s'élevait récemment encore un immeuble délabré que l'on aurait parfaitement pu réparer. Au lieu de quoi, on l'a démoli et on a construit à sa place un bâtiment dont les lignes et les percées n'ont rien à voir avec les immeubles adjacents. Cette verrue est recouverte d'un matériau synthétique d'une blancheur violente qui jure avec la couleur douce de la rue. À cette vieille dame respectable qu'est la rue de Belleville, on a fait violence, on a imposé ce corps étranger hideux.

De telles aberrations sont dues à des architectes qui ne sont sans doute jamais venus sur place, qui ont travaillé sans se soucier du lieu d'implantation de bâtiments conçus sur ordinateur. Et ces scandales restent anonymes. Je propose que soient indiqués – comme autrefois – le nom de l'architecte et plus encore le nom de celui ou celle qui a signé le permis de construire, noms qui méritent bien d'être livrés à la vindicte publique, et pour longtemps.

Art nouveau

L'Art nouveau fait pâle figure à Paris si on le compare avec son éblouissante éclosion dans des capitales comme Bruxelles, Vienne ou Munich. En France il fut mal accueilli, venant de cette Europe de l'Est avec laquelle les relations étaient alors empreintes de méfiance sinon d'hostilité. Et les architectes institutionnels français du début du siècle dernier restaient fidèles à l'éclectisme et à l'enseignement de Viollet-le-Duc. Les grands bâtiments présentés dans les rares livres sur l'Art nouveau parisien – la Samaritaine, l'église Saint-Jean de Montmartre – sont certes des innovations mais ils gardent une raideur néoclassique, sans la ligne courbe et le décor floral qui marquent l'art d'Otto Wagner ou de Victor Horta.

On peut objecter qu'il existe des pépites d'Art nouveau éparpillées dans tout Paris, si familières qu'on ne les regarde pas avec toute l'attention qu'elles méritent : ce sont les entrées du métro dessinées par Hector Guimard de 1900 à 1913. La forme la plus répandue est constituée d'une balustrade en fonte arrondie aux angles. Elle est ornée d'écussons à motifs floraux dont la tige dessine un petit M à peine visible au milieu des pétales. Le plus beau, c'est le portique d'entrée formé de deux longues tiges métalliques courbes qui se déploient en plusieurs arcs : l'un vers l'extérieur, portant à son extrémité l'une des deux lampes orange qui rendent visible l'entrée du métro dans la nuit ; l'autre recourbée vers l'intérieur pour tenir avec son symétrique un panneau où est inscrit le mot *Métropolitain* dans une typographie Art nouveau dessinée par Guimard lui-même. Sur le côté de la balustrade, un autre panneau, plus grand, porte le nom de la station et un plan du métro, le tout éclairé par une lampe à motif floral.

Guimard avait dessiné d'autres entrées qui étaient de petits édifices couverts d'un toit à deux pentes prolongé par une verrière auvent en éventail. Il en reste deux exemples, l'un au métro Abbesses, l'autre à la sortie du métro Châtelet qui se trouve place Sainte-Opportune.

Sur les 167 entrées de métro dessinées par Guimard, il en reste 87. Les autres ont été démolies et remplacées par des ferrailles que l'on dirait conçues par des designers de l'Administration pénitentiaire. Démolies ? sauf une, l'entrée du métro Raspail qui a été démontée et reconstituée à New York pour intégrer les collections du Musée d'art moderne (le MOMA). L'attention portée aux entrées de Guimard devrait inciter à aller admirer les merveilles qu'il a construites dans le XVIe

arrondissement, entre autres le Castel Béranger et son propre domicile avenue Mozart.

Passages cloutés

Les passages pour piétons n'ont pas toujours été marqués par des bandes blanches ou jaunes peintes sur la chaussée. Il y a vingt ou trente ans, les piétons cheminaient entre deux rangées parallèles de gros clous à tête ronde plantés dans l'asphalte tous les cinquante centimètres (à peu près) : c'étaient les passages cloutés. La chose a disparu mais il en reste une trace dans le vocabulaire courant : dire de quelqu'un qu'il est « dans les clous » signifie qu'il est en règle, qu'il se conforme aux diverses injonctions légales dont nous sommes abreuvés.

Places

À la différence de Rome, Paris n'est pas une ville de places et si beaucoup de lieux parisiens portent ce nom il en est peu qui le méritent. Une vraie place est un espace sinon clos du moins pourvu d'un contour continu : si l'un des côtés est béant, l'« effet place » disparaît. Le Châtelet pourrait être une vraie place, et assez belle avec les deux théâtres face à face et le quai derrière lequel se profilent la tour de l'Horloge et la masse du Palais de justice. Mais le quatrième côté est éventré par la percée du boulevard de Sébastopol, par la rue Saint-Denis et par la malencontreuse avenue Victoria, et ce n'est pas la maigre Chambre des notaires qui peut combler le vide. Si bien que le Châtelet est une place ratée ou plutôt un grand carrefour où se croisent les principaux axes de la circulation parisienne.

Un autre élément qui constitue une vraie place, c'est l'animation – pas la circulation automobile bien sûr, mais la présence de cafés, de restaurants, de boulangeries, bref d'autre chose que des boutiques de fringues et chaussures de luxe. Les places parisiennes les plus célèbres, la Concorde, l'Étoile, la Bastille sont de grands sens giratoires où les voitures se faufilent comme elles peuvent et où le promeneur se trouve ravalé à sa dangereuse situation de piéton. Ce qui leur manque le plus pour être de vraies places, c'est précisément d'être *animées*. Le Campo dei Fiori à Rome est un lieu où l'on se retrouve entre amis, où l'on boit des verres, où l'on achète des légumes et des fleurs, où l'on se sent bien. Qui pourrait avoir l'idée de donner un rendez-vous place de la Concorde ou de boire un café place de l'Étoile ?

On trouve pourtant quelques vraies places à

Paris. La plus ancienne, la plus vénérable est la place Maubert (Maubert = Maître Albert, philosophe du XIIIe siècle). La place, qui date de la même époque, fut pendant les guerres de religion le lieu où l'on torturait et brûlait les protestants et les « hérétiques » comme l'imprimeur humaniste Étienne Dolet, étranglé et brûlé en 1546 à l'âge de 37 ans. Il eut là sa statue en bronze dont André Breton écrit dans *Nadja* qu'elle l'a « toujours attiré et (lui a) causé un insupportable malaise ». (La statue a été fondue sous l'Occupation mais il existe une rue Étienne-Dolet qui monte du boulevard de Ménilmontant jusqu'au porche de l'église de Ménilmontant.)

La place Maubert est traversée par le boulevard Saint-Germain – on pourrait même dire qu'elle est formée par lui, constituée par un élargissement du boulevard qui ralentit et se dilate à sa hauteur comme un grand fleuve débouchant dans un lac. Les trottoirs du côté sud (du côté du Panthéon) sont occupés deux fois par semaine par un marché – un vrai marché, comme à Aligre ou à Belleville et non un faux marché où les étals ne font que prolonger sur la chaussée des boutiques permanentes, comme rue de Seine ou rue Montorgueil. En face, du côté de la rue de Bièvre, on descend deux ou trois marches – décalage qui donne beaucoup de son caractère à la place – pour accéder à un ancien et délicieux restaurant vietnamien et à une épicerie japonaise. De là, en traversant la rue Monge on tombe sur un café, Le Maubert, exposé au sud-est et agréable au début du printemps.

La place Maubert a un titre de noblesse remarquable : lors de l'émeute déclenchée par les partisans du duc de Guise en 1588 et qui aboutit à chasser de sa capitale le roi Henri III, c'est là que fut construite la première en date de toutes les barricades qui allaient rythmer la vie de la ville pendant des siècles.

Plus récente, la place des Vosges est elle aussi une vraie place, d'influence italienne, supervisée par les architectes venus avec Marie de Médicis, d'où les arcades couvertes. Elle était à l'origine pavée et vide. On a planté un jardin, clôturé de grilles métalliques, au milieu duquel trône Louis XIII sur son bidet. La place Dauphine, qui date elle aussi du temps d'Henri IV, était sans doute une merveille avant que la base du triangle ait été démolie pour faire place à l'affreuse façade arrière du Palais de justice – et avant qu'un parking souterrain ne surélève le sol. La place des Victoires et la place Vendôme, construites sous Louis XIV, sont-elles de vraies places ? Du point de vue de l'architecture, oui, sans nul doute. Mais l'animation ? On n'y trouve que des boutiques du plus grand luxe (le mot même de boutique sonne bizarrement pour ces étalages de robes, de montres et de bijoux à des prix extravagants, avec comme il se doit un vigile à l'entrée). Pas un café – il y a bien le bar du Ritz mais il faut avoir une cravate.

Restent les places développées à l'emplacement des anciennes barrières du mur des Fermiers-Généraux. Certaines sont irrémédiables, comme la laide et bruyante place d'Italie. D'autres sont des lieux vivants, animés, populaires : sur la rive gauche, la place Denfert-Rochereau ; sur la rive droite, la place Clichy, Stalingrad, le carrefour Belleville où se rencontrent quatre arrondissements parisiens et qui concentre leur charme, le carrefour Ménilmontant où l'arrondi du boulevard est comme une ébauche de place, la place de la Nation avec le *Triomphe de la République* de Dalou qui, même au milieu du tournoiement automobile et des broussailles récemment plantées, donne au lieu sa noblesse et en fait le point d'arrivée d'innombrables manifestations.

Il faudrait encore dire un mot des multiples triangles formés par la divergence de deux rues. Ils ne méritent évidemment pas le nom de place mais ils ont souvent le charme que décrit Walter Benjamin dans *Le Livre des passages*. J'ai cité cet extrait ailleurs (*L'Invention de Paris*, Seuil, 2002) mais je ne résiste pas à la tentation : « Ces petites places intemporelles qui surgissent à l'improviste et auxquelles ne s'attache aucun nom propre, qui, à la différence de la place Vendôme ou de la place de Grève, n'ont pas été planifiées de longue main, qui ne sont pas placées sous le patronage de l'histoire universelle et qui ne sont, au contraire, qu'une réunion d'immeubles venus lentement, encore assoupis et en retard, répondre à l'appel du siècle. Sur ces places les arbres ont la parole, et même les plus chétifs donnent une ombre épaisse. Mais, dans la soirée, leurs feuilles tamisent la lumière des becs de gaz comme un verre dépoli de couleur vert foncé, et leur précoce éclat vert, la nuit, donne le signal automatique de l'arrivée du printemps dans la ville. »

Île de la Cité

L'île de la Cité est une horreur, le pire ratage d'Haussmann et de ceux qui l'ont suivi. D'ailleurs le baron détestait cet endroit qu'il était obligé de traverser chaque matin pour aller à la faculté de droit, il le dit dans ses *Mémoires* : « [...] amas ignoble de tapis francs qui déshonoraient naguère encore la Cité et que j'eus la joie de raser plus tard de fond en comble – repaire de voleurs et d'assassins qui semblaient là braver la Police correctionnelle et la Cour d'assises. » Haussmann a travaillé à vider la Cité de sa population de clochards et à détruire ses ruelles puantes et dangereuses. Résultat : les Parisiens traversent la Cité sans s'arrêter, entre les murs de la Préfecture de police et les murs de l'Hôtel-Dieu ou par la lugubre rue d'Arcole pleine de boutiques de souvenirs à deux sous. L'un des derniers méfaits de François Hollande a été de confier la rénovation de l'île à Dominique Perrault, le responsable de la Grande Bibliothèque où les livres sont dans des tours et les lecteurs dans des caves. Et la grande question est de savoir si on reconstruira la flèche de Notre-Dame à l'identique ou pas.

J'ai une proposition pour rendre à la Cité sinon sa splendeur ancienne, du moins quelque chose de son esprit d'autrefois. On commencerait par détruire la Préfecture de police, vilain bâtiment plein de mauvais souvenirs. On détruirait aussi l'Hôtel-Dieu, laid et malcommode comme presque tous les hôpitaux parisiens du XIXe siècle. On dégagerait ainsi un grand espace libre entre les deux bras de la Seine, du Palais de justice jusqu'à la façade de Notre-Dame. Cet espace serait entièrement construit, sans laisser de parvis devant la cathédrale qui n'est pas faite pour être vue avec des centaines de mètres de recul : toutes les cathédrales médiévales étaient conçues pour être admirées le nez en l'air. À qui confier cette reconstruction ? Surtout pas aux architectes à la mode, Nouvel et autres. On ferait travailler des gens qui connaissent le métier, les ouvriers du 93 et d'ailleurs, on laisserait libre cours à l'inventivité populaire, guidée par des architectes modestes et respectueux des idées des autres (il y en a). Ce serait un nouveau quartier, avec des rues, des cafés, des boulangeries, des bibliothèques, des cinémas, que viendraient admirer les architectes et les touristes du monde entier. Quasimodo, Esmeralda, le Chourineur et Rodolphe s'y sentiraient à l'aise s'ils revenaient et les Parisiens retrouveraient leur Cité aujourd'hui confisquée par le sabre, le goupillon et le bistouri.

Surréalisme

Je prends une bière dans un café de village en Provence et je ne sais pourquoi, je pense au surréalisme. À la table voisine, des jeunes, des étudiants, trois garçons et une fille, des bonnes têtes. Je leur demande : si je vous dis surréalisme, vous me dites quoi ? Presque d'une seule voix ils répondent : Dali. J'insiste un peu : pas Breton, pas Duchamp, pas Buñuel ? Non, Dali – il est proche de nous, il a su se faire comprendre, les autres, c'est compliqué.

Donc, de ce mouvement qui pendant longtemps a secoué du monde depuis la Tchécoslovaquie jusqu'au Mexique, il ne reste pour ces jeunes que Dali, c'est-à-dire rien. L'une des raisons possibles est qu'à Paris où le mouvement est né et a vécu pendant trente ou quarante ans, il n'en reste aucun vestige – aucune trace matérielle à laquelle raccrocher l'imaginaire, comme la maison de Victor Hugo ou la statue de Balzac. C'est comme s'il n'avait jamais existé. Certains fidèles tirent mentalement leur chapeau en passant devant le 42 rue Fontaine mais il n'y a plus rien à voir là, l'atelier de Breton a été vendu en pièces détachées sans que l'État ait bougé un doigt. Le passage de l'Opéra où le mouvement a commencé a été détruit par le prolongement du boulevard Haussmann (la seule percée de l'entre-deux-guerres, à tous égards détestable) comme le raconte Aragon dans *Le Paysan de Paris*. Des galeries du Thermomètre et du Baromètre – où les surréalistes se retrouvaient au café Certa – il ne reste que les photos de Marville prises cinquante ans avant la destruction. Et les innombrables cafés où le mouvement se réunissait, – le Café Cyrano sur la place Blanche, le café

du Globe à la porte Saint-Denis, le Café d'Angleterre à Richelieu-Drouot, La Promenade de Vénus rue du Louvre dans les années 1960 – ont soit disparu, soit changé de nom, et le souvenir du surréalisme s'en est évaporé. Les librairies où eurent lieu certains événements marquants – par exemple le Sans Pareil, avenue Kléber où la première exposition Max Ernst en mai-juin 1921 laissa tous les visiteurs stupéfaits – n'existent plus. Et les galeries où furent organisées des expositions retentissantes, la galerie surréaliste rue Jacques-Callot, la galerie Ratton rue Laffitte, la galerie des Beaux-Arts faubourg Saint-Honoré, l'Étoile scellée rue du Pré-aux-Clercs ne persistent que dans notre souvenir.

Une autre possible raison pour expliquer la réponse de mes voisins de table, c'est le dénigrement systématique d'André Breton, « pape du surréalisme », exclueur en chef, moralisateur qui n'aimait pas les homos, bref un emmerdeur, et un mouvement personnifié par un emmerdeur n'a rien pour attirer la jeunesse. Il faudrait dire : l'homme n'était pas toujours commode, mais accueillant, ouvert, généreux. S'il a tant bataillé, tant exclu d'anciens amis, c'est pour garder la ligne qui a permis au surréalisme d'exister si longtemps en évitant les erreurs que tant d'autres ont commises. Aragon a été exclu (avec Éluard) pour son adhésion au Parti communiste et la suite de sa trajectoire a montré combien cette séparation était fondée.

Il faudrait créer (on peut toujours rêver) un petit musée du surréalisme à Paris, où il n'y aurait pas d'œuvres d'art mais des photographies qui raconteraient l'histoire du mouvement, qui montreraient tout le courage et l'humour, les amitiés disséminées dans le monde entier, la justesse des positions politiques, tout ce qui fait qu'il reste présent dans notre époque et même qu'il nous manque souvent.

La Bourse

Au sommet de sa gloire, Napoléon commanda plusieurs grands monuments pour Paris, l'Arc de triomphe, la Madeleine – qui devait être le temple de la Victoire – et le plus original, le plus moderne, la Bourse. Son architecte fut Alexandre Brongniart auquel les Parisiens doivent aussi le tracé romantique du Père-Lachaise. Il était l'élève d'Étienne Louis Boullée qui fut non seulement un grand architecte (il ne reste de toute son œuvre qu'un seul petit hôtel, rue de la Ville-l'Évêque, invisible car devenu le siège social de Free), mais aussi, mais surtout un dessinateur visionnaire. Sa Bibliothèque royale aurait pu abriter des lecteurs par milliers. Pour Newton, il imagina un cénotaphe sphérique à éclairage zénithal. « Ô Newton ! Si par l'étendue de tes lumières et la sublimité de ton génie, tu as déterminé la figure de la Terre, moi j'ai conçu le projet de t'envelopper de ta découverte. C'est en quelque sorte façon de t'avoir enveloppé de toi-même », écrit-il dans son *Essai sur l'Art* (1797). Brongniart suivit ses cours – comme Chalgrin l'architecte de l'Arc de triomphe, comme Jacques-Nicolas Durand qui enseigna l'architecture à l'École polytechnique depuis sa fondation par la Convention jusqu'en 1840. L'on pourrait dire que la Bourse est le grand et unique projet boulléen à Paris. Néoclassique, la Bourse ? oui mais pas seulement : son plan carré (ou presque) dont les quatre angles sont rentrants, sa colonnade continue sur les quatre faces et les angles, sa nudité décorative, son caractère massif et compact sont bien d'inspiration boulléenne.

Avant que la Bourse soit achevée (1826), l'achat et la vente des actions avaient lieu dans divers lieux du centre parisien, hangars ou cafés, comme on le voit dans les parties de *La Comédie humaine* qui se déroulent sous l'Empire. L'ouverture de la Bourse coïncide avec le développement du marché des actions. Le fonctionnement de la Bourse à son apogée est décrit par Zola dans *L'Argent*, roman qui se passe en grande partie au palais Brongniart : « Mais l'effroyable vacarme devenait tel, au milieu d'une gesticulation épileptique, que les agents eux-mêmes ne s'entendaient plus. et, tout à la fureur professionnelle qui les agitait, ils continuèrent par gestes, puisque les basses caverneuses des uns avortaient, tandis que les flûtes des autres s'amincissaient jusqu'au néant. On voyait s'ouvrir des bouches énormes sans qu'un bruit distinct parût en sortir, et les mains seules parlaient : un geste du dedans en dehors, qui offrait, un autre geste du dehors au dedans qui acceptait ; les doigts levés indiquaient les quantités, les têtes disaient oui ou non, d'un signe. [...] Entre le comptant et la corbeille, au-dessus de la tempête déchaînée des têtes, il n'y avait plus que les trois coteurs, assis sur leurs hautes chaises, qui surnageaient ainsi que des épaves, avec la grande tache blanche de leur registre, tiraillés à gauche, tiraillés à droite, par la fluctuation rapide des cours qu'on leur jetait. »

Aujourd'hui l'électronique a fait disparaître tout ce pittoresque, les achats et les ventes se font en infimes fractions de seconde et le palais

Brongniart est vide. Les activités plus ou moins artistiques qu'on a essayé d'y installer n'ont rien donné. Pourquoi ne pas en faire une grande bibliothèque centrale, comme à New York, ouverte à tous et en particulier aux étudiants ? Ce serait mieux que de les voir, lamentable spectacle, faire la queue pour entrer à la BPI. Au lieu de quoi on finira par y installer un restaurant de luxe, voire un centre commercial. De la mairie de Paris à qui appartient le bâtiment on ne peut que s'attendre au pire.

Écrivains parisiens

Je proposerais de réserver le titre d'écrivains parisiens à ceux pour qui Paris est une source essentielle d'inspiration. Être né à Paris ou y avoir passé sa vie ne fait rien à l'affaire – des auteurs comme Valéry, Gide ou Malraux ont toutes sortes de qualités sauf d'être des écrivains parisiens même s'ils ont pu éventuellement écrire des livres qui se passent à Paris.

Si l'on accepte cette définition, on peut dire qu'il n'y a pas d'écrivains parisiens avant le XIXᵉ siècle : la ville de façon générale n'est pas un thème avant 1800. Même Diderot, parisien dans l'âme, n'a pas écrit grand-chose sur Paris – sauf le merveilleux début du *Neveu de Rameau* (« Qu'il fasse beau, qu'il fasse laid, c'est mon habitude d'aller sur les cinq heures du soir me promener au Palais-Royal. C'est moi qu'on voit, toujours seul, rêvant sur le banc d'Argenson »).

Au XIXᵉ siècle donc, je vois trois personnages dont l'œuvre a une trame tissée avec le fil parisien, trois personnages qui ont marqué la ville au même titre que de grands monuments de pierre. Il s'agit de Balzac, Baudelaire et Hugo. Ils étaient presque contemporains et ils se connaissaient, à des degrés divers. Balzac et Hugo étaient des amis proches, ils se promenaient ou allaient dîner ensemble au Rocher de Cancale. « Voici, mon cher Hugo, la dédicace de *Illusions perdues* que je vous envoie en épreuves, j'irai vous voir vendredi prochain sur les midi. À vous de cœur » : en lui dédiant ce qu'il considère comme un pilier de son œuvre, Balzac montre à quel niveau il place son ami. Hugo lui rendit visite sur son lit d'agonisant et c'est lui qui prononça le discours d'adieu sur sa tombe. Baudelaire a peut-être croisé Balzac à l'hôtel Pimodan (« Je l'ai vu une fois dans une

réunion où il était question des effets prodigieux du haschisch », écrit-il dans les *Paradis artificiels*) mais son admiration est immense : Balzac est pour lui « ce prodigieux météore qui couvrira notre pays d'un nuage de gloire, comme un orient bizarre et exceptionnel, comme une aurore polaire inondant le désert glacé de ses lumières féeriques » (in

Madame Bovary par Gustave Flaubert). Baudelaire dédie à Hugo plusieurs grands poèmes des *Fleurs du mal* (*Le Cygne*, *Les Sept Vieillards*, *Les Petites Vieilles*) mais son jugement est très variable. Il peut être plus qu'élogieux : « Ainsi se produisent sans cesse dans les poèmes de Victor Hugo ces accents d'amour pour les femmes tombées, pour les pauvres gens broyés dans les engrenages de nos sociétés, pour les animaux martyrs de notre gloutonnerie et de notre despotisme. Peu de personnes ont remarqué le charme et l'enchantement que la bonté ajoute à la force, et qui se fait voir si fréquemment dans les œuvres de notre poète. Un sourire et une larme dans le visage d'un colosse, c'est une originalité presque divine » – in *L'Art romantique*. Mais il est parfois méprisant, comme dans une lettre à sa mère du 3 novembre 1865 : « Je n'accepterais ni sa gloire ni sa fortune s'il me fallait en même temps posséder ses énormes ridicules [...] Il a voulu cette fois [dans *Chansons des rues et des bois*] être joyeux et léger, et amoureux et se refaire jeune. C'est horriblement lourd. Je ne vois dans ces choses-là, comme en beaucoup d'autres, qu'une nouvelle occasion de remercier Dieu qui ne m'a pas donné tant de bêtise. » Dans une autre lettre à sa mère, il juge que *Les Misérables* sont un livre « immonde et inepte ». Cette oscillation sur Victor Hugo entre admiration et agacement est d'ailleurs fréquente à l'époque – même chez Balzac, souvent énervé par l'assurance hugolienne.

Dans *Réflexions sur quelques-uns de mes contemporains*, Baudelaire écrit : « Depuis bien des années déjà Victor Hugo n'est plus parmi nous. Je me souviens du temps où sa figure était une des plus rencontrées parmi la foule ; et bien des fois je me suis demandé en le voyant si souvent apparaître dans la turbulence des fêtes ou dans le silence des lieux solitaires, comment il pouvait concilier les nécessités de son travail assidu avec ce goût sublime, mais dangereux, des promenades et des rêveries. » Ainsi donc Hugo était un piéton de Paris – ce n'est pas l'image la plus commune qu'on en ait, qui serait plutôt celle du solitaire sur son rocher. Mais ceci amène à un trait commun aux écrivains parisiens, presque digne de faire partie de la définition : ce sont des marcheurs dans Paris, et des marcheurs solitaires – c'est pourquoi Proust n'est pas, à mon sens, un écrivain parisien, malgré sa fine oreille aux *bruits* de Paris. Balzac, lui, parcourt toute la ville avec ses grosses bottes, entre ses imprimeurs, ses éditeurs, ses maîtresses, ses marchands de café. « Il y a pour moi des souvenirs à toutes les portes, des pensées à chaque réverbère, il ne s'est pas construit une façade, abattu un édifice, que je n'en aie épié la naissance ou la mort, je participe au mouvement immense de ce monde comme si j'en avais l'âme » (in *Le Mendiant*). Baudelaire lui aussi marche sans fin dans Paris. Depuis qu'il a quitté l'île Saint-Louis, il n'a plus rien chez lui qui tienne du bureau, pas de table, pas de dossiers et c'est en parcourant la ville qu'il rêve ses vers, comme il l'exprime dans *Le Soleil* :

> Le long du vieux faubourg où pendent aux masures
> Les persiennes, abri des secrètes luxures
> Quand le soleil cruel frappe à coups redoublés
> Sur la ville et les champs, sur les toits et les blés,
> Je vais m'exercer seul à ma fantasque escrime,
> Flairant dans tous les coins les hasards de la rime,
> Trébuchant sur les mots comme sur les pavés,
> Heurtant parfois des vers depuis longtemps rêvés.

Balzac, Hugo, Baudelaire ont créé des *types parisiens* : Rastignac, Javert, Gavroche ; chez Baudelaire, ils sont souvent sans nom propre, mais la Mendiante rousse, la Passante, la Fanfarlo, le Dandy… ils et elles sont toujours parmi nous, en « rapport perpétuel, simultané, de l'idéal avec la vie ». Si une grande partie des *Fleurs du mal* et des *Petits poèmes en prose* sont situés à Paris, Baudelaire n'indique aucune adresse, aucune indication de lieu précis, sauf dans *Le Cygne*, clairement situé dans l'ancien quartier du Carrousel. (On trouve la même indétermination chez Jean-Luc Godard dont presque tous les films jusqu'à *La Chinoise* se passent à Paris ou dans la proche banlieue sans qu'on sache jamais dans quelle rue ou même dans quel quartier se déroule l'action – sauf dans *À bout de souffle* où Jean Seberg vend le *Herald Tribune* sur les Champs-Élysées.)

Pour Stendhal, qui fut à peu près le contemporain de Balzac, Baudelaire et Hugo, les choses sont claires : « Sous le rapport physique, Paris ne m'a jamais plu. Même vers 1803, je l'avais en horreur comme n'ayant pas de montagnes autour de lui. [...] Aujourd'hui, j'estime Paris. J'avoue que pour le courage il doit être placé au premier rang, comme pour la cuisine, comme pour l'*esprit*. Mais il ne m'en séduit pas davantage pour cela. Il me semble qu'il y a toujours de la *comédie* dans sa vertu. » Et puis « je ne puis que très difficilement avoir du plaisir par de la musique chantée dans une salle française » (*Souvenirs d'égotisme*). Stendhal n'est vraiment pas un écrivain parisien, sa ville, c'est Milan. C'est là qu'il a appris à aimer Mozart, là qu'il a compris la politique, là qu'il a commencé à écrire, là qu'il a connu le grand amour (malheureux). Et l'on sait que sur sa tombe il a demandé que l'on écrive : *Arrigo Beyle, Milanese*.

Des rues qui changent

Paris étant un organisme vivant, les rues qui le composent évoluent et changent parfois de rôle, de thème, d'activité. Mais certaines gardent l'empreinte de ce qu'elles étaient autrefois. De la rue Vivienne, Mercier écrit dans le *Tableau de Paris* (1788) : « Il y a plus d'argent dans cette seule rue que dans tout le reste de la ville. Les grandes caisses y résident, notamment la Caisse d'escompte. C'est là que trottent les banquiers, les agents de change, les courtiers, tous ceux enfin qui font marchandise de l'argent monnayé [...] Les catins y sont plus financières que dans tout autre quartier, et distinguent un suppôt de la Bourse à ne pas s'y tromper. » Or aujourd'hui, la rue Vivienne entre la Bourse et le boulevard Montmartre est toujours le domaine de l'or. Les boutiques se touchent où l'on propose d'acheter et de vendre des lingots d'or, des napoléons, des débris d'or, des monnaies grecques, égyptiennes, celtes, romaines, des médailles anciennes, des louis, des doubles louis, des pièces américaines datant de la guerre d'Indépendance, des balances pour peser l'or... Les vendeurs siègent derrière des vitres blindées, c'est la touche moderne de cette rue ancienne.

Autre continuité urbaine : le passage du Caire, le plus ancien de Paris (1799), dont le nom témoigne de l'égyptomanie au retour de l'expédition de

Bonaparte sur les rives du Nil, était à l'origine spécialisé dans les calicots – on dirait aujourd'hui banderoles publicitaires – pour les boutiques de vêtements. Très vite, l'impression de ces banderoles se fit par sérigraphie, et les imprimeurs étaient appelés calicots. Aujourd'hui encore, le passage propose du matériel pour vitrines et magasins d'habillement, portants, cintres, mannequins… Les touristes s'intéressent rarement à ce passage, si bien qu'on n'y trouve pas de restaurants ni de magasins de colifichets comme aux passages des Panoramas ou Choiseul. Pourvu que ça dure.

D'autres rues ont perdu avec le temps ce qui était leur marque. Ainsi le faubourg Saint-Antoine, qui fut pendant longtemps consacré à la fabrique de meubles en bois – certains pensent que cette activité était liée à la proximité des dépôts de bois flotté descendant la Seine, le plus important étant l'île Louviers, incorporée depuis à la rive droite du côté du boulevard Morland (le Chourineur, dans *Les Mystères de Paris*, était ouvrier dans l'île) ; d'autres voient une autre raison : le faubourg était le point d'arrivée dans Paris d'ouvriers venant d'Allemagne, particulièrement compétents dans la fabrique de meubles. Quoi qu'il en soit, ces belles cours qui portent des noms si poétiques – cour de l'Étoile-d'Or, de la Maison-Brûlée, des Trois-Frères, passage de la Main-d'Or, rue de la Forge-Royale, passage de la Boule-Blanche, cour du Bel-Air – étaient toutes occupées par des ateliers où l'on fabriquait des meubles. Mercier écrit dans le *Tableau de Paris* : « Je ne sais comment ce faubourg subsiste. On y vend des meubles d'un bout à l'autre et la portion pauvre, qui l'habite, n'a point de meubles. » Il reste aujourd'hui quelques ateliers où l'on travaille le bois mais le faubourg est aujourd'hui consacré à des activités bien différentes : agences d'architecture et de design, ateliers de photographes, maisons d'édition, studios d'enregistrement… On y trouve aussi, en grand nombre, des gens qui y habitent après avoir transformé les ateliers en lofts. Bref, le grand faubourg populaire, le premier dans toutes les révolutions du XVIIIe et du XIXe siècle et le dernier à décrocher le drapeau rouge, ce faubourg-là n'existe plus, il s'est embourgeoisé.

Inversement, dans certaines rues jusque-là sans histoire des activités sont apparues que rien ne laissait prévoir. La rue Mongallet qui donne dans la rue de Reuilly près de la Nation est devenue en quelques années la rue de l'électronique. Sur toute sa longueur et sur les deux côtés on trouve des ordinateurs de toutes marques, neufs et d'occasion, mais surtout d'innombrables boîtes rutilantes contenant des choses dont je n'imagine même pas ce qu'elles peuvent être (Mediashare Wireless, Kit comprenant un processeur AMD Ryzen et une carte mère ASUS x 570 Prime, etc.). Le non-geek que je suis n'identifie pas le dixième du contenu des vitrines. Pourquoi ici, comment s'est produite cette étrange concentration, mystère.

Plus ancienne et moins mystérieuse, la colonisation de la rue de Douai, entre la rue Fontaine et la rue Pigalle, par des magasins de guitares de toutes sortes, acoustiques et électriques, neuves et d'occasion, luxueuses ou bon marché. On y trouve même une boutique de guitares pour gauchers. Moins mystérieux : comme me l'a expliqué un patron, c'était autour de Pigalle un quartier de boîtes de nuit où les musiciens étaient nombreux. « C'est pareil à Londres et à Tokyo, les magasins de musique sont dans les quartiers chauds de toutes les grandes villes. »

On pourrait encore citer la rue Keller et ses nombreuses boutiques de mangas, ou la rue de

Marseille et ses files de magasins de vêtements élégants… N'en déplaise aux déclinistes, la vie de la ville continue de plus belle.

Bobos

Le bobo parisien (le mot n'a pas de féminin mais il y a autant de bobos femmes qu'hommes) est à la fois facile à détecter et difficile à définir.

Le bobo n'est pas vraiment riche mais il gagne bien sa vie, souvent dans des métiers qu'on dit « créatifs » : journaliste littéraire, designer, traducteur – pas conseiller dans une banque ni marchand de voitures.

Il habite souvent un quartier « populaire », c'est-à-dire de population mêlée, où les Noirs et les Arabes sont bien représentés. Mais ce quartier est agréable : pas question pour un bobo de loger près d'une bretelle d'autoroute. Du coup le choix est assez restreint : les bords du canal Saint-Martin, Belleville (le bas, pas la place des Fêtes), Barbès depuis quelque temps, Stalingrad, Aligre… Comme les bobos sont nombreux, ils se retrouvent groupés dans ces endroits où ils font monter le prix des loyers, ce qui expulse les pauvres – sans le vouloir, ils se retrouvent entre eux. Sans vivre en groupes – ils sont plutôt individualistes

– ils fréquentent les mêmes cafés, les mêmes boutiques. Les plus lucides sont capables de se moquer d'eux-mêmes.

Les bobos mangent bio, ils fréquentent assidûment les magasins bio et les petites boutiques de fruits et légumes qui vendent des produits locaux. Ils peuvent être vegans, ils peuvent manger du pain sans gluten, des quinoas et autres nourritures supposées saines – et à coup sûr chères.

Pour leurs déplacements, les bobos n'utilisent pas la voiture et s'ils en ont une, elle reste au garage sauf pour les vacances. Ils roulent à bicyclette, ils marchent, et s'il le faut, ils prennent les transports en commun.

Politiquement, les bobos sont « à gauche », plutôt écolos mais jamais du côté de la violence. Ils sont féministes, antiracistes, préoccupés par la condition animale, ils vont parfois manifester mais ils ne sont pas téméraires : ils se rangent quand ça commence à chauffer. Ils sont la base de l'électorat d'Anne Hidalgo.

Jacobins

La rue et la place du Marché-Saint-Honoré devraient s'appeler rue et place des Jacobins ou du Club-des-Jacobins. C'est là en effet que le célèbre club s'installa en 1789, dans la bibliothèque du couvent des Jacobins dont l'entrée se faisait par la rue Saint-Honoré. Ces locaux furent détruits après le 9 thermidor.

La mode est aujourd'hui d'opposer les Jacobins suppôts de la dictature parisienne aux Girondins apôtres de la décentralisation. C'est une contre-vérité historique inscrite dans une vaste opération visant à dévaloriser la Révolution française. Le club des Jacobins avait son siège principal à Paris mais sa force était d'avoir des centaines de filiales dans tout le pays. Les relations entre le club de Paris et les sociétés filles se faisaient dans les deux sens. L'abbé Grégoire raconte dans ses *Mémoires* : « On convenait que l'un de nous saisirait l'occasion opportune de lancer sa question dans une séance de l'Assemblée nationale. Il était sûr d'être applaudi par un très petit nombre et hué par la majorité ; n'importe, il demandait et on lui accordait le renvoi à un comité où les opposants espéraient inhumer la question. Les Jacobins s'en emparaient dans leurs invitations circulaires et dans leurs journaux, elle était discutée *dans quatre ou cinq cents sociétés affiliées*, et trois semaines après pleuvaient à l'Assemblée des adresses pour demander un décret dont elle avait d'abord rejeté le projet et qu'elle admettait ensuite à une large majorité, parce que la discussion avait mûri l'opinion publique. » (C'est moi qui souligne.)

Les Jacobins : un système de diffusion des idées

révolutionnaires fonctionnant dans les deux sens entre Paris et la province.

Et les Girondins, décentralisateurs ? La plupart étaient des élus de province, ils ne connaissaient pas Paris, Paris leur faisait peur – ce n'est pas la même chose. Guy Debord le rappelle dans *Panégyrique* : « L'infâme Isnard [député du Var], présidant la Convention en mai 1793, avait eu déjà le front d'annoncer, prématurément : “Si, dis-je, par ces insurrections toujours renaissantes, il arrivait qu'on portât atteinte à la représentation nationale, je vous le déclare, au nom de la France entière, Paris serait anéanti ; bientôt on chercherait sur les rives de la Seine si cette ville a existé” ». On peut difficilement mieux exprimer la haine et la peur.

Les Girondins étaient de grands bourgeois, partisans du laisser-faire, opposés aux lois fixant un prix maximum pour les denrées de première nécessité. Ils n'avaient que mépris pour le peuple : « Quelle Babylone présenta jamais le spectacle de ce Paris, souillé de sang et de débauches, gouverné par des magistrats qui font profession de débiter le mensonge, de vendre la calomnie, de préconiser l'assassinat ? Quel peuple a jamais corrompu sa morale et son instinct au point de contracter le besoin de voir des supplices, de frémir de rage quand ils sont retardés ? » C'est madame Roland qui l'écrit depuis sa prison, et elle reste l'un des personnages les plus attachants de son groupe. Se réclamer des Girondins comme le font aujourd'hui nos dirigeants, c'est avoir toujours peur, après plus de deux siècles, de la Révolution française.

Immeubles-Industriels, Marcel Rajman

Dans *Le Livre des passages*, Walter Benjamin s'interroge : « La rue des Immeubles-Industriels, de quand date-t-elle ? » La rue était bien faite pour attirer l'attention de ce marcheur attentif mais le temps lui a manqué pour répondre à la question.

Tendue entre les derniers mètres du faubourg Saint-Antoine et du boulevard Voltaire, tout près de la Nation, la rue s'appelle d'abord rue de l'Industrie-Saint-Antoine. Son architecte, Émile Lemesnil (qui est aussi celui des Bouffes-du-Nord), lotit l'emplacement et construit au début des années 1870 cette rue dont les deux côtés, absolument identiques, sont formés chacun de 17 immeubles, tout aussi identiques entre eux, à usage artisanal. Chacun de ces immeubles comporte une partie industrielle – un rez-de-chaussée avec entresol et deux sous-sols – et au-dessus trois niveaux de logements pour les ouvriers. Cet ensemble est conçu comme extension du faubourg Saint-Antoine voisin, c'est-à-dire qu'il est consacré à la fabrication de meubles en bois. L'énergie nécessaire aux machines est fournie par une source unique, une puissante machine à vapeur qui sort de chez Cail, le grand fabricant de locomotives à l'époque. La machine, située au milieu de la rue, transmet l'énergie à tous les ateliers grâce à un système d'arbres articulés situés dans le deuxième sous-sol (un tunnel souterrain permet au mouvement de passer au côté opposé de la rue). Ainsi chaque atelier peut se brancher quand il en a besoin sur l'arbre qui le traverse. Ce système n'est pas tout à fait exceptionnel : Privat d'Anglemont raconte dans *Paris Anecdote* (1885) : « C'est une de ces grandes villes en abrégé qu'on rencontre dans les quartiers industrieux et qu'on nomme *cours*. Il y en a une quinzaine dans le faubourg du Temple [...] Le propriétaire, qui est un grand fabricant, y a établi une machine à vapeur pour son usine ; mais voulant y attirer de petits fabricants, il a fait traverser tous ses rez-de-chaussée, c'est-à-dire une longueur de cent et quelques mètres, par l'arbre de sa machine, de sorte qu'il loue à chacun de ses locataires, avec le logement, une courroie à laquelle ils peuvent adapter une machine. »

De chaque côté de la rue, chacun des dix-sept numéros est composé de trois travées identiques. Pour chacune, rez-de-chaussée et entresol sont encadrés par deux colonnes de fonte surmontées d'un petit chapiteau ionique. Les fenêtres de l'entresol sont bordées de briques d'un beau rouge tirant sur le violet – splendide alliance fonte-brique-verre, splendide et subtil rapport de couleurs. Les activités actuelles de la rue sont discrètes : aucune boutique mais des architectes, des graphistes, une galerie d'art, peu de taches de couleur, on perçoit comme un respect pour ce cadre exceptionnel.

Au n° 1 de la rue, une plaque indique : « Ici habitait Marcel Rajman, franc-tireur partisan MOI, un des 23 de l'Affiche rouge, fusillé au Mont-Valérien le 21 février 1944 à l'âge de 21 ans. » (Il y eut 22 fusillés mais sur l'Affiche ils ne sont que 10 dont Rajman, « juif polonais, 13 attentats ».)

Entre les deux guerres, la rue des Immeubles-Industriels devient un centre d'attraction pour les juifs venus de l'Est et l'on y parle plus yiddish que français. Marcel a huit ans quand la famille s'installe au n° 1 – son père Moszek, sa mère Chana et son frère Simon. Pendant l'Occupation, il entre dans l'Union de la Jeunesse juive, animée par Henri Krasucki, puis dans l'organisation de résistance FTP-MOI qui comprend des immigrés venus de toutes parts, Italiens, Arméniens, Hongrois, et Polonais pour la plupart juifs comme Rajman. Alors qu'il a tout juste vingt ans, Marcel entre dans l'Équipe spéciale, fer de lance de la lutte armée. Dans *Le Sang de l'étranger* (Fayard, 1989), Stéphane Courtois, Denis Peschanski et Adam Rayski racontent deux opérations menées par l'Équipe, deux parmi des dizaines. L'une ne visait rien de moins que le commandant du Grand Paris, le général Schaumburg. Cristina Boico, responsable du service de renseignements, avait remarqué que le général se promenait à cheval au bois de Boulogne puis rentrait chez lui avenue Raphaël où sa voiture de fonction venait le chercher pour l'amener à ses bureaux de l'hôtel Meurice, rue de Rivoli. Le 28 juillet, l'attaque a lieu au coin de la rue Nicolo et de l'avenue Paul-Doumer, menée par quatre membres de l'Équipe spéciale, Kneler, Fontano, Kojitski et Rajman. À 9 h 30, la voiture arrive comme prévu, Kneler lance sa grenade, forte explosion, l'équipe se replie pensant avoir réussi son coup. Ce n'était pas le général Schaumburg qui était dans la voiture mais un membre de son état-major, et de plus la grenade avait explosé derrière la voiture et non à l'intérieur. Échec donc, mais l'Équipe ne baisse pas les bras. La même Cristina Boico a repéré l'adresse d'un dignitaire important qu'une grosse Mercedes à fanion à croix gammée vient chercher tous les matins chez lui, rue Pétrarque, derrière le Trocadéro. Holban, qui est encore à ce moment responsable militaire des FTP-MOI : « Le scénario est prêt : Rajman doit guetter la sortie de l'homme, se porter à sa hauteur au moment où il entre dans la voiture, lui tirer dessus et, sans s'arrêter continuer son chemin. Alfonso doit le suivre à quelques pas et achever le travail si nécessaire. Fontano se tiendra sur l'autre trottoir et assurera la défense. Les itinéraires de repli sont établis. Tout a été calculé à la seconde. » L'opération a lieu le 28 septembre 1943 sous l'autorité de Manouchian qui a remplacé Holban. Alfonso tire le premier, l'homme à l'intérieur de la voiture est blessé et tente de sortir par la porte opposée mais Rajman l'achève de trois balles. Sur le moment, l'Équipe ignore l'identité du personnage. On apprendra un peu plus tard qu'il s'agit du *generalbevollmächtigter* Ritter, responsable du STO (service du travail obligatoire des jeunes Français envoyés en Allemagne) et ami personnel de Hitler.

Mais à partir de l'été 1943 Marcel Rajman est repéré quand il se rend chez sa mère, boulevard Soult. Il est filé par la Brigade spéciale, la BS2

(des Français), et arrêté le 16 novembre, rue Paul-Brousse près de la porte de Clichy, lors d'un grand coup de filet qui fait chuter 68 militants (« le rapport de synthèse de la BS2 distingue 33 "aryens" dont 19 étrangers et 34 juifs dont 30 étrangers »). Le 15 février 1944, 24 d'entre eux – le noyau dur, les combattants des FTP-MOI, – sont jugés par une cour martiale allemande. Le procureur demande la mort pour 23 accusés. Le 21 février 1944, les 22 hommes, dont Marcel Rajman, sont fusillés au Mont-Valérien. La seule femme, Olga Bancic, est envoyée en Allemagne où elle sera décapitée à la hache à Stuttgart le jour de ses trente-deux ans.

Paris-Soir titre : « Le Mouvement ouvrier immigré était dirigé par des juifs qui prenaient leurs ordres à Moscou ». Sous-titre : « Manouchian, l'homme aux 150 assassinats ».

Dômes

Le plus ancien dôme construit à Paris (1608) est si petit et si bien caché que ceux qui le connaissent sont peu nombreux. Il est situé dans l'ancienne chapelle du couvent des Petits-Augustins, qui fut sous la Révolution le Musée des monuments français et sert aujourd'hui de salle d'exposition à l'École des beaux-arts du quai Malaquais. Dans la nef de cette chapelle s'ouvre à droite la chapelle des Louanges, de plan hexagonal et couverte d'une coupole, « la première, dit Félibien, qu'on eut vue à Paris bâtie de cette forme ». Très petite et plate, rien ne la distingue depuis l'extérieur.

Le long de la noble courbe de la rue Saint-Antoine (il faut y inclure mentalement la rue François-Miron qui était la partie initiale de cette rue) on peut admirer deux dômes remarquables. Le plus ancien est celui de l'église Saint-Paul, dont la première pierre fut posée par Louis XIII en 1627 et qui fut achevée en 1641. On l'appelait à l'époque église Saint-Louis, c'était l'église des

Jésuites et ses architectes furent deux membres de cet ordre, le père Derand et le père Martellange (qui eurent des relations très conflictuelles à propos des plans de l'église et de la façade).

De la rue, on ne voit presque pas le dôme, caché par la très haute façade à trois étages, sans doute inspirée par la voisine église Saint-Gervais. C'est là une première maladresse – et une différence notable avec l'église du Gesù de Rome, modèle de toutes les églises jésuites, où la façade ne dissimule pas le dôme. Pour voir celui de Saint-Paul, il faut faire le tour par la petite rue du Prévôt et la rue Charlemagne et aller dans les jardins Saint-Paul. C'est un dôme hexagonal, surmonté d'un lanternon. Le tambour à six panneaux est trop haut par rapport à la taille du dôme : on sent là un archaïsme, la gaucherie d'architectes sans expérience dans le domaine, mais cette gaucherie est pleine de charme, on dirait le cou trop long d'une jeune fille – comparaison qui n'aurait sans doute pas plu aux RR.PP. Derand et Martellange.

L'autre dôme de la rue Saint-Antoine est celui de l'église de la Visitation, près de la Bastille. Il est à peine plus récent (commencé en 1632) mais il eut pour architecte un génie, François Mansart. L'église est de plan centré (un cercle inscrit dans un carré). La façade, à laquelle on accède par quelques marches, est percée d'une porte inscrite dans une grande arche et surmontée d'un fronton triangulaire à l'antique. (Sur les pentes du fronton, le XIXe siècle a ajouté deux statues qui évoquent plus Ovide que les saintes écritures). Le dôme, qui émerge d'un toit à quatre pentes, repose sur un tambour épaulé par huit contreforts. Il est surmonté d'un lanternon coiffé d'une calotte sphérique et d'une flèche. Ses proportions sont parfaitement accordées au reste de l'édifice. L'œil est conduit depuis les marches de l'entrée jusqu'au lanternon sans rupture, l'ensemble est à la fois massif et élancé, compact et élégant : l'image même de la perfection. C'est à Paris le seul édifice de Mansart qui n'ait pas été démoli ni dénaturé. Depuis 1803 c'est un temple protestant.

Je ne connais qu'un autre dôme, qu'une autre église aussi réussie : la chapelle de la Salpêtrière. Elle s'élève au milieu des deux grandes ailes conçues par Le Vau. Celui-ci étant mort, le travail est confié à Libéral Bruant, principal architecte des Invalides. La chapelle est en forme de croix grecque, composée d'une grande rotonde octogonale sur laquelle s'ouvrent quatre nefs. Dans les angles des nefs s'ouvrent des chapelles qui permettaient de ne pas mélanger les couches sociales et les sexes de l'assistance mais qui toutes donnaient vue sur le chœur. Le dôme, construit sur une armature de bois, se dresse au-dessus des grandes arcades de la rotonde, il est octogonal, couvert d'ardoise comme le toit. Son tambour est percé de huit grandes fenêtres et il est surmonté d'un lanternon. Ici, ce n'est pas l'élancement qui a été cherché mais une solidité, un calme bien conforme à la destination du lieu.

Il y a bien d'autres dômes à Paris, celui des Invalides dont l'or se détache dans les vues générales de Paris depuis Montmartre, celui de la chapelle des Carmes rue de Vaugirard, celui de la chapelle de la Sorbonne où se trouve le tombeau de Richelieu, celui de l'Assomption, rue Saint-Honoré, si lourd et maladroit que les Parisiens l'appelaient « le sot dôme », celui du Val-de-Grâce dont le Bernin dit un jour « une bien petite calotte pour une si grosse tête » (il n'aimait rien à Paris sauf la fontaine des Innocents avec les sculptures de Jean Goujon)… J'en oublie sûrement mais je termine avec celui qui est sans doute le plus récent : celui du Panthéon, qui date des années 1770 et qui est, je crois, le seul dôme important construit à Paris au XVIIIe siècle. Ses très grandes dimensions ont fait à l'époque douter de sa solidité (dans les vives controverses à ce sujet il faut peut-être faire entrer le fait que Soufflot était lyonnais et que les architectes parisiens ont sans doute vu d'un mauvais œil ce grand chantier leur échapper). Le dôme repose sur un double tambour : l'un inférieur, vaste colonnade qui s'intègre parfaitement avec le reste de l'édifice, et un second supérieur, inscrit dans le premier mais d'un rayon bien moindre, qui supporte le dôme – lequel, du coup, est nettement trop petit par rapport à la masse du bâtiment. Soufflot a-t-il eu peur qu'un dôme aux bonnes proportions soit trop lourd ? Ou ne s'est-il rendu compte de l'erreur que trop tard ? On ne le saura jamais.

Avant l'ordinateur il était sans doute difficile de se représenter ce que serait un dôme une fois terminé. Tant d'éléments entrent en jeu – le volume par rapport au reste de l'édifice, la hauteur du tambour et son diamètre, la courbure de la surface – qu'il fallait bien l'œil d'un Mansart pour les mettre en harmonieuse synthèse.

Squares

La plupart des squares parisiens datent du XIXe siècle et beaucoup d'entre eux ont été dessinés par Adolphe Alphand, le grand architecte-paysagiste qui s'est efforcé de rendre respirable l'univers minéral d'Haussmann. Je ne parlerai que de ceux que je trouve les plus beaux.

Dans le Marais, les rues Saint-Gilles et Payenne forment un angle droit et sur chaque côté de cet angle s'ouvre un square. Le plus charmant des deux est le square Georges-Cain (du nom d'un ancien conservateur du musée Carnavalet) qui donne sur la rue Payenne. Le terrain faisait partie des jardins de l'hôtel Saint-Fargeau, dont la façade arrière borde le fond du square derrière une rangée de tilleuls. (Les Saint-Fargeau étaient de la noblesse de robe, l'un d'eux avait été prévôt des marchands soit un équivalent de maire, et le dernier, le plus célèbre, est celui qui fut poignardé par un garde du corps de Louis XVI alors qu'il dînait tout seul au restaurant Février, au Palais-Royal.) À gauche (au nord) s'étend la magnifique orangerie de cet hôtel – la seule à Paris – œuvre,

comme l'hôtel lui-même, de Pierre Bullet, l'architecte de la porte Saint-Martin et de l'église Saint-Thomas-d'Aquin. En face, sur le mur sud sont éparpillés sans ordre clair des vestiges sculptés de l'histoire de Paris, notamment le fronton du pavillon central du palais des Tuileries brûlé en 1871. Au centre du jardin, dans un parterre de fleurs se dresse une statue de Maillol, une femme nue tenant une serviette derrière son dos. Ce square calme et accueillant est une halte idéale dans l'agitation marchande du Marais.

Allongé entre le boulevard de Sébastopol et la rue Saint-Martin, en face de l'entrée principale du Conservatoire des arts et métiers, le square Émile-Chautemps (anciennement square des Arts-et-Métiers), est une oasis de verdure dans un quartier qui n'en compte guère. Deux pièces d'eau étirées dans l'axe du square sont ornées l'une et l'autre de groupes de bronze associant deux figures : à gauche (en regardant vers les Arts et Métiers) l'Agriculture et l'Industrie, à droite Mercure et la Musique. Un jet d'eau jaillit entre les figures et l'ensemble est entouré d'une pelouse et ceint d'une grille dont le dessin est superbe. On peut trouver cela kitsch ou charmant selon l'humeur. Au centre du square, une colonne de granit porte sur les quatre côtés de sa base le nom d'une victoire française pendant la guerre de Crimée (Sébastopol, l'Alma, Inkerman et Tchernaïa – qui veut dire « noire » en russe, la bataille s'est déroulée sur la « rivière noire »). Ce square est une aimable jonction entre deux quartiers, d'un côté le Sentier (en traversant le boulevard de Sébastopol on est rue du Caire) et de l'autre le petit quartier des Arts et Métiers dont les rues portent les noms d'inventeurs parfois oubliés, Papin, Vaucanson, Conté (le créateur du crayon à mine), Montgolfier, Volta… tous noms du temps heureux où la science était une amie qui ne faisait de mal à personne.

Avec la magnifique scénographie de l'église Saint-Vincent-de-Paul et les grands X en béton du pont franchissant les voies de chemin de fer de l'Est, le square Montholon est l'un des accidents qui rompent la monotonie de la longue rue Lafayette (Lafayette, les Français l'adorent. Ils ont oublié – ou jamais su – qu'en août 1792 il est passé à l'ennemi avec tout son état-major – haute trahison s'il en est). Le square est joliment organisé avec des bancs en cercle entourant les troncs des immenses platanes qui apportent ombre et fraîcheur même en plein été. À peu près au milieu se dresse un groupe sculpté remarquable à la fois par sa qualité (rare parmi les innombrables statues de squares) et par son thème : « Aux ouvrières parisiennes » – ce ne sont pas des ouvrières d'usine mais plutôt de la mode. La grille entourant le square est elle aussi remarquable : basse, en fonte moulée sur des motifs en forme de cœur que la végétation adopte et entoure. Du côté opposé à la rue Lafayette, la rue Belfond passe au-dessus de la rue Pierre-Semard par un pont de fer d'où l'on a une belle vue plongeante sur le square.

Mon préféré : le square Louvois, face à l'entrée de la Bibliothèque nationale. Louvois avait son hôtel tout proche et l'on trouve ici réunis trois grands ministres de l'Ancien Régime, Richelieu, Louvois et Colbert dont l'hôtel se trouvait dans une rue longeant le côté nord de la BN. (Parenthèse : il est question d'enlever le buste de Colbert devant l'Assemblée nationale au motif qu'il est l'auteur du Code noir. C'est trop facile. Il serait plus courageux de s'en prendre aux dirigeants des entreprises minières, pétrolières et autres, qui perpétuent un esclavage aussi meurtrier que celui du Code noir.) De 1794 à 1820, sur l'emplacement du square Louvois se dressait l'Opéra de Paris – d'où les noms des rues alentour, Lulli, Rameau, Méhul, Cherubini. Il fut détruit en 1820 après que Louvel, un ouvrier bonapartiste, eut poignardé le duc de Berry, fils cadet du comte d'Artois (futur Charles X) et héritier présomptif du trône.

Au centre du square Louvois s'élève une gracieuse fontaine où sont représentés les quatre grands fleuves français. Elle est l'œuvre de Visconti, plus connu pour avoir conçu le tombeau de Napoléon aux Invalides – et pour une petite rue portant son nom, entre la rue de Seine et la rue Bonaparte, où Balzac eut son imprimerie.

À la différence des squares de Londres, les squares parisiens sont fermés la nuit. Serait-ce par peur qu'ils servent d'« abris de secrètes luxures » comme dit Baudelaire ? C'est plus probablement par crainte qu'ils ne deviennent le refuge de ceux qui sont sans toit, qui rouleraient là leur baluchon pour dormir en paix. Ou pire, qu'ils soient squattés par des « migrants », afghans ou autres, qui risqueraient d'y établir leur campement. La fermeture des squares est une arme dans la guerre aux pauvres, guerre sans fin où Paris est un champ de bataille toujours renouvelé.

Deux Allemands

Heinrich Heine, Walter Benjamin, deux juifs allemands dont les trajectoires françaises, à cent ans de distance, ne sont pas sans points communs.

En 1831, la situation de Heine en Allemagne n'est pas bonne : ses *Tableaux de voyage*, virulente critique de l'alliance du trône prussien et de l'autel, sont condamnés et saisis par la police. Ses espoirs d'obtenir une charge municipale à Hambourg s'évanouissent. Sans ressources, ses écrits censurés, il décide d'émigrer en France où la révolution vient de l'emporter. Il a trente-quatre ans.

En 1933, Walter Benjamin vit depuis quelques mois à Ibiza. En Allemagne nazifiée son frère a été arrêté, Adorno est chassé de l'université de Francfort, ses amis – Bertolt Brecht, Ernst Bloch – ont émigré. Benjamin renonce à rentrer dans son pays et part pour Paris, qu'il connaît pour y avoir séjourné deux fois (il y a traduit le début de *À la recherche du temps perdu*). Il a quarante-et-un ans.

Heine, arrivé à Paris en mai 1831, s'installe d'abord sur la rive gauche puis dans le quartier à la mode, du côté de Notre-Dame-de-Lorette (voir l'introduction de Patricia Baudouin à *Lutèce*, La Fabrique, 2008). Il fréquente là ceux et celles qui comptent dans la vie intellectuelle et artistique parisienne, Balzac et George Sand, Liszt et

Chopin, Thiers et Quinet. Pour gagner sa vie, il envoie des articles à *l'Allgemeine Zeitung* – la *Gazette universelle* – d'Augsbourg, l'un des plus forts tirages parmi les quotidiens allemands. Il ne tarde pas à être déçu par l'évolution « juste milieu » du régime : « Louis-Philippe a oublié que son gouvernement est né du principe de la souveraineté populaire ; et dans un affligeant aveuglement, il voudrait tâcher de se soutenir par une quasi-légitimité, par des alliances avec les princes absolus et par la continuation de la période de la restauration (28 décembre 1831) ». Il raconte à sa manière le choléra de 1832 à Paris : « Par la grande misère qui règne ici, par l'immense malpropreté qu'on y trouve ailleurs encore que dans les classes les plus pauvres, par l'irritabilité du peuple surtout, par sa légèreté sans bornes, par le manque total de dispositions et de mesures de prévoyance, le choléra devait s'étendre avec plus de promptitude et d'horreur qu'en aucun autre lieu. Son arrivée fut officiellement annoncée le 29 mars, et comme c'était le jour de la mi-carême, qu'il faisait beau soleil et un temps charmant, les Parisiens se trémoussèrent avec d'autant plus de jovialité sur les boulevards, où l'on aperçut même des masques qui, parodiant la couleur maladive et la figure défaite, raillaient la crainte du choléra et la maladie elle-même (19 avril 1832). » Sur l'insurrection républicaine de juin 1832 : « Ce fut le sang le plus pur de la France qui coula rue Saint-Martin et je ne crois pas qu'on ait combattu plus vaillamment aux Thermopyles qu'à l'entrée des petites rues Saint-Merry et Aubry-le-Boucher, où, à la fin, une poignée d'environ soixante républicains se défendirent contre soixante mille hommes de la ligne et de la garde nationale et les repoussèrent deux fois (15 juin 1832). » Il rend compte du Salon de 1833 : « Comme Louis-Philippe dans la politique, M. Ingres a été cette année le roi dans l'art; comme le premier règne aux Tuileries, lui a régné au Louvre. Le caractère de M. Ingres est aussi juste milieu; M. Ingres en effet est un juste-milieu entre Miéris et Michel-Ange. »

Les articles de Heine sont systématiquement censurés en Allemagne, si bien qu'il les réunit, une fois rétablis dans leur virulence initiale, dans un volume intitulé *Französische Zustände* (*État de la France* – aujourd'hui *De la France*, Gallimard, « Tel », 1994). Parallèlement, il publie une étude sur la littérature et la philosophie allemande, *De l'Allemagne*, où il redresse en particulier l'image de l'hégélianisme, vu en France à travers les bésicles de Victor Cousin. Le livre est un échec qui lui clôt les portes de l'édition à Paris, pendant qu'en Allemagne, ses écrits sont interdits. Pour ne pas mourir de faim, il est obligé de reprendre sa collaboration avec l'*Allgemeine Zeitung*. Ses articles portent aussi bien sur Meyerbeer que sur Spontini, sur Guizot que sur Thiers, sur la question d'Orient, sur les fortifications que l'on construit autour de Paris, sur l'érection de l'obélisque de Louxor… Heine réunit ses chroniques sous le titre de *Lutèce* qui paraît en Allemagne en 1854. Dans la préface il explique les raisons de cette publication : « Ces lettres ayant paru anonymes dans la *Gazette d'Augsbourg*, et non sans avoir subi de notables suppressions et changements, j'avais à craindre qu'on ne vînt à les éditer après ma mort sous cette forme défectueuse. » S'il parle de sa mort, c'est qu'il est alors déjà dans un stade avancé de la maladie qui va l'emporter en 1856 après huit ans passés sur son « divan tombeau » parisien.

Benjamin parvenu à Paris s'installe dans un petit hôtel (le Palace Hôtel) à l'angle de la rue du Four et du boulevard Saint-Germain – il déménagera plusieurs fois, cherchant moins cher et plus accommodant, mais toujours sur la rive gauche. Sa situation financière est désastreuse : « Je suis allongé depuis des jours – simplement pour n'avoir besoin de rien et pour ne voir personne – et je travaille tant bien que mal. Réfléchis à ce que tu peux obtenir. J'ai besoin de 1 000 francs pour régler le plus urgent et pour franchir le cap du mois de mars », écrit-il en février 1934 à Gretel Karplus, son amie, femme de Theodor Adorno. Il est finalement sauvé quand l'*Institut für Sozialforschung* (l'Institut de recherches sociales) qui a émigré de Francfort à Genève – puis à Amsterdam en attendant de se fixer à New York – parvient par l'entremise de Max Horkheimer à lui verser des mensualités de 1 500 francs. Charge à lui de faire avancer le projet du livre sur les Passages entamé depuis la fin des années 1920 (*Passagenwerk*, en français *Paris, capitale du XIXe siècle*, trad. Jean Lacoste, Cerf, 1989). Adorno lui écrit le 6 novembre 1934 : « Je considère véritablement ce travail comme le morceau de *prima philosophia* confié à notre tâche, et que mon plus cher vœu est de vous voir maintenant, après un long et douloureux blocage, maîtriser l'exécution comme le nécessite cet immense objet » (*Correspondance Adorno-Benjamin*, trad. Philippe Ivernel, La Fabrique, 2002).

Benjamin ne voit presque personne mais il a trouvé le lieu qui va être pendant des années son repaire, « une des salles de bibliothèque les plus curieuses de la terre, et on y travaille comme dans un décor d'opéra [...] Depuis que j'ai recommencé à sortir, je suis à vrai dire toute la journée là-bas dans la salle de travail, et je me suis à peu près commodément installé dans les chicanes du règlement » (à Adorno, 9 mars 1934). Benjamin s'attaque donc aux Passages, mais il apparaît très vite qu'Adorno, intermédiaire principal avec l'Institut, ne comprend pas bien ce travail. Après qu'il a en main un premier *Exposé* (1935) qui est une sorte de résumé de l'œuvre à venir, il envoie à Benjamin de longues lettres, amicales et respectueuses mais nettement critiques. « [...] Votre préoccupation est aujourd'hui de renoncer à l'interprétation ; que le matériau une fois monté parle de lui-même ; qu'on ne peut cependant renoncer à l'Institut et que la démarche doit donc s'adapter à lui. [...] J'aimerais vous prier instamment d'écrire les Passages en conformité avec leur propre histoire primitive. Ma conviction la plus profonde est que l'œuvre ne fera qu'y gagner, même et surtout en termes marxistes » (20 mai 1935). Après un nouvel envoi, « Pouvez-vous comprendre que la lecture de l'essai, de ses chapitres intitulés l'un "le Flâneur", et même l'autre, "la Modernité" ait produit en moi une certaine déception ? Cette déception a essentiellement pour motif que, dans les parties connues de moi, le travail offre moins un modèle qu'un prélude aux Passages. Les thèmes y sont rassemblés mais non développés. Dans votre lettre à Max [Horkheimer] c'était là, disiez-vous, votre intention explicite et je ne méconnais pas la discipline ascétique que vous vous êtes imposée pour éviter partout d'apporter aux questions les réponses théoriques décisives, voire pour ne

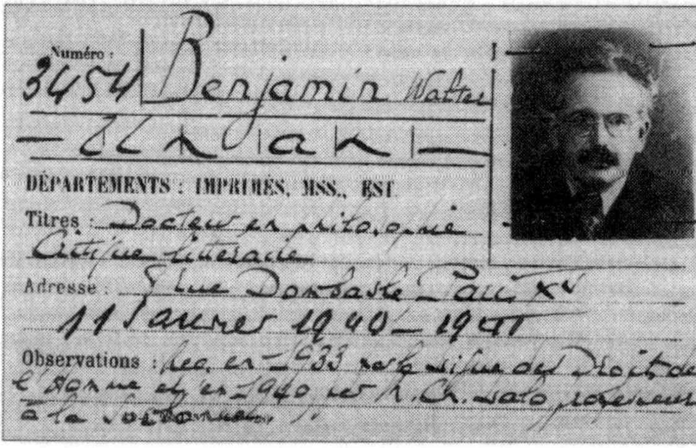

rendre perceptibles qu'aux seuls initiés les questions elles-mêmes » (10 novembre 1938).

L'incompréhension s'accroît à mesure que le temps passe. C'est qu'à partir de 1937 Benjamin a changé de projet : le chapitre *Baudelaire* prévu dans les Passages a pris une telle ampleur qu'il s'est peu à peu transformé en un livre autonome qui a « phagocyté » tout le reste (voir l'introduction de Giorgio Agamben à ce livre reconstitué à partir de fragments – La Fabrique, 2013). Benjamin prend ce virage sans l'annoncer clairement à l'Institut dont il dépend financièrement et qu'il doit donc ménager au prix de la clarté.

Quand éclate la guerre, Benjamin est interné le 5 septembre 1939 en tant que réfugié allemand, d'abord au stade de Colombes où il reste une dizaine de jours, puis au camp de Vernuche près de Nevers. Ses amis, ses amies (en particulier Adrienne Monnier) interviennent auprès d'Henri Hoppenot, directeur du secteur Europe au ministère des Affaires étrangères, qui le fait libérer le 16 novembre. Benjamin revient à Paris. Le 23 mai 1940, il est décidé que tous les réfugiés allemands doivent être internés, mais une nouvelle fois, Hoppenot intervient efficacement en sa faveur. Le 11 janvier, Benjamin écrit à son ami Gershom Scholem : « Chaque ligne que nous pouvons aujourd'hui faire paraître est – tant est incertain l'avenir auquel nous les remettons – une victoire arrachée aux puissances des ténèbres (in *Dernières lettres*, Rivages poche, 2014). Et Benjamin trouvera (sans doute en mai 1940) l'énergie d'écrire les *Thèses sur le concept d'histoire*, conçues comme « armature théorique au deuxième essai sur Baudelaire » et que les benjaminiens savent presque par cœur.

Le 13 mai 1940, un jour avant l'entrée des troupes allemandes à Paris, Benjamin prend le train pour Lourdes. De là il se rend à Marseille puis à Port-Vendres avec l'intention de passer en Espagne. Avec deux autres réfugiés allemands il marche jusqu'à Portbou, petit village au nord de la Catalogne, près de la frontière. Mais apprenant que le gouvernement espagnol a ordonné de reconduire les fugitifs en France, le 26 septembre il se donne la mort en absorbant une forte dose de la morphine qu'il avait sur lui pour soulager les douleurs de son dos.

Bruits de la rue

Ce matin, un musicien ambulant est passé dans ma rue – un trompettiste très doué qui jouait d'une seule main, l'autre tirant un caddy d'où sortait son accompagnement orchestral. Dans ma jeunesse, on voyait, on entendait souvent des musiciens de rue et des hommes (toujours des hommes) qui criaient leur métier depuis les trottoirs : rémouleurs, rempailleurs, vitriers. Dans *Le Spleen de Paris*, Baudelaire raconte qu'il entendit un jour un vitrier « dont le cri perçant, discordant, monta jusqu'à moi à travers la lourde et sale atmosphère parisienne ». Il le fit porter jusqu'à son sixième étage son lourd fardeau et à son arrivée il lui dit : « Comment ? vous n'avez pas de verres de couleur ? des verres roses, rouges, bleus, des vitres magiques, des vitres de paradis ? Impudent que vous êtes ! Vous osez vous promener dans des quartiers pauvres, et vous n'avez même pas de vitres qui fassent voir la vie en beau ! » Et il le poussa dans l'escalier. Puis du balcon, il jeta un pot de fleurs qui brisa « sur son dos toute sa pauvre fortune ambulatoire qui rendit le bruit éclatant d'un palais de cristal crevé par la foudre ».

Proust, qui n'était pas un grand marcheur dans Paris, avait pour les bruits de la ville une oreille incomparable. De son lit, il devinait le temps qu'il faisait d'après le bruit du tramway sur le boulevard. Et dans *La Prisonnière* : « Ici c'était bien encore à la déclamation à peine lyrique de Moussorgsky que faisait penser le marchand mais pas à elle seulement. Car après avoir presque “parlé” : “les escargots, ils sont frais, ils sont beaux”, c'était avec la tristesse et le vague de Maeterlinck, musicalement transposés par Debussy, que le marchand d'escargots, dans un de ces douloureux finals par où l'auteur de *Pelléas* s'apparente à Rameau (“Si je dois être vaincu, est-ce à toi d'être mon vainqueur”) ajoutait avec une chantante mélancolie : “On les vend six sous la douzaine”. »

Table des illustrations

Les clichés non crédités sont de l'auteur.

Chez le même éditeur

Giorgio Agamben, Alain Badiou, Daniel Bensaïd, Wendy Brown, Jean-Luc Nancy, Jacques Rancière, Kristin Ross, Slavoj Žižek, *Démocratie, dans quel état ?*

Tariq Ali, *Obama s'en va-t-en guerre.*

Zahra Ali (dir.), *Féminismes islamiques.*

Grey Anderson, *La guerre civile en France, 1958-1962. Du coup d'État gaulliste à la fin de l'OAS.*

Sophie Aouillé, Pierre Bruno, Franck Chaumon, Guy Lérès, Michel Plon, Erik Porge, *Manifeste pour la psychanalyse.*

Bernard Aspe, *L'instant d'après. Projectiles pour une politique à l'état naissant.*

Éric Aunoble, *La Révolution russe, une histoire française. Lectures et représentations depuis 1917.*

Alain Badiou, *Petit panthéon portatif*

Alain Badiou, *L'aventure de la philosophie française.*

Alain Badiou, *Petrograd, Shanghai. Les deux révolutions du XX*[e] *siècle.*

Alain Badiou & Eric Hazan, *L'antisémitisme partout. Aujourd'hui en France.*

Alain Badiou, Pierre Bourdieu, Judith Butler, Georges Didi-Huberman, Sadri Khiari, Jacques Rancière, *Qu'est-ce qu'un peuple ?*

Jean-Christophe Bailly, Jean-Marie Gleize, Christophe Hanna, Hugues Jallon, Manuel Joseph, Jacques-Henri Michot, Yves Pagès, Véronique Pittolo, Nathalie Quintane, *« Toi aussi, tu as des armes. » Poésie & politique.*

Moustapha Barghouti, *Rester sur la montagne. Entretiens sur la Palestine avec Eric Hazan.*

Omar Barghouti, *Boycott, désinvestissement, sanctions. BDS contre l'apartheid et l'occupation de la Palestine.*

Marc Belissa & Yannick Bosc, *Le Directoire. La république sans la démocratie.*

Mathieu Bellahsen, *La santé mentale. Vers un bonheur sous contrôle.*

Sous la direction de Omar Benderra, François Gèze, Rafik Lebdjaoui et Salima Mellah, *Hirak en Algérie. L'invention d'un soulèvement.*

Walter Benjamin, *Essais sur Brecht.*

Walter Benjamin, *Baudelaire.* Édition établie par Giorgio Agamben, Barbara Chitussi et Clemens-Carl Härle.

Daniel Bensaïd, *Les dépossédés. Karl Marx, les voleurs de bois et le droit des pauvres.*

Daniel Bensaïd, *Tout est encore possible.* Entretiens avec Fred Hilgemann.

Amal Bentounsi, Antonin Bernanos, Julien Coupat, David Dufresne, Eric Hazan, Frédéric Lordon, *Police.*

Marc Bernard, *Faire front. Les*

journées ouvrières des 9 et 12 février 1934. Introduction de Laurent Lévy.

Jacques Bidet, *Foucault avec Marx.*

Bertrand Binoche, « *Écrasez l'infâme !* » *Philosopher à l'âge des Lumières.*

Ian H. Birchall, *Sartre et l'extrême gauche française. Cinquante ans de relations tumultueuses.*

Auguste Blanqui, *Maintenant, il faut des armes.* Textes présentés par Dominique Le Nuz.

Félix Boggio Éwangé-Épée & Stella Magliani-Belkacem, *Les féministes blanches et l'empire.*

Bruno Bosteels, *Alain Badiou, une trajectoire polémique.*

Houria Bouteldja, *Les Blancs, les Juifs et nous. Vers une politique de l'amour révolutionnaire.*

Alain Brossat, *Pour en finir avec la prison.*

Philippe Buonarroti, *Conspiration pour l'égalité dite de Babeuf.* Présentation de Sabrina Berkane.

Pilar Calveiro, *Pouvoir et disparition. Les camps de concentration en Argentine.*

Laurent Cauwet, *La domestication de l'art. Politique et mécénat.*

Grégoire Chamayou, *Les chasses à l'homme.*

Grégoire Chamayou, *Théorie du drone.*

Grégoire Chamayou, *La société ingouvernable. Une généalogie du libéralisme autoritaire.*

Louis Chevalier, *Montmartre du plaisir et du crime.* Préface d'Eric Hazan.

Ismahane Chouder, Malika Latrèche, Pierre Tevanian, *Les filles voilées parlent.*

George Ciccariello-Maher, *La révolution au Venezuela. Une histoire populaire.*

Cimade, *Votre voisin n'a pas de papiers. Paroles d'étrangers.*

Julien Cohen-Lacassagne, *Berbères juifs. L'émergence du monothéisme en Afrique du Nord.* Préface de Shlomo Sand.

Comité invisible, *À nos amis.*

Comité invisible, *L'insurrection qui vient.*

Comité invisible, *Maintenant.*

Angela Davis, *Une lutte sans trêve.* Textes réunis par Frank Barat.

Joseph Déjacque, *À bas les chefs ! Écrits libertaires.* Présenté par Thomas Bouchet.

Christine Delphy, *Classer, dominer. Qui sont les « autres » ?*

Alain Deneault, *Offshore. Paradis fiscaux et souveraineté criminelle.*

Raymond Depardon, *Images politiques.*

Raymond Depardon *Le désert, allers et retours.* Propos recueillis par Eric Hazan

Donatella Di Cesare, *Un virus souverain. L'asphyxie capitaliste.*

Yann Diener, *On agite un enfant. L'État, les psychothérapeutes et les psychotropes.*

Cédric Durand (coord.), *En finir avec l'Europe.*

Dominique Eddé, *Edward Said, le roman de sa pensée*

Éric Fassin, Carine Fouteau, Serge Guichard, Aurélie Windels, *Roms & riverains. Une politique municipale de la race.*

Silvia Federici, *Le capitalisme patriarcal.*

Silvia Federici, *Une guerre mondiale contre les femmes. Des chasses aux sorcières au féminicide.*

Norman G. Finkelstein, *L'industrie de l'holocauste. Réflexions sur l'exploitation de la souffrance des Juifs.*

Benjamin Fondane, *Baudelaire et l'expérience du gouffre.*

Joëlle Fontaine, *De la résistance à la guerre civile en Grèce. 1941-1946.*

Charles Fourier, *Vers une enfance majeure.* Textes présentés par René Schérer.

Françoise Fromonot, *La comédie des Halles. Décor et mise en scène.*

Isabelle Garo, *L'idéologie ou la pensée embarquée.*

Gabriel Gauny, *Le philosophe plébéien.* Textes rassemblés et présentés par Jacques Rancière.

Antonio Gramsci, *Guerre de mouvement et guerre de position.* Textes choisis et présentés par Razmig Keucheyan.

Christophe Granger, *La destruction de l'université française.*

Daniel Guérin, *Autobiographie de jeunesse. D'une dissidence sexuelle au socialisme.*

Chris Harman, *La révolution allemande 1918-1923*

Amira Hass, *Boire la mer à Gaza, chroniques 1993-1996.*

Eric Hazan, *Chronique de la guerre civile.*

Eric Hazan, *Notes sur l'occupation. Naplouse, Kalkilyia, Hébron.*

Eric Hazan, *Paris sous tension.*

Eric Hazan, *Une histoire de la Révolution française.*

Eric Hazan & Eyal Sivan, *Un État commun. Entre le Jourdain et la mer.*

Eric Hazan & Kamo, *Premières mesures révolutionnaires.*

Eric Hazan, *La dynamique de la révolte. Sur des insurrections passées et d'autres à venir.*

Eric Hazan, *Pour aboutir à un livre.* Entretiens avec Ernest Moret.

Eric Hazan, *À travers les lignes. Textes politiques.*

Eric Hazan, *Balzac, Paris.*

Eric Hazan, *Le tumulte de Paris.*

Henri Heine, *Lutèce. Lettres sur la vie politique, artistique et sociale de la France.* Présentation de Patricia Baudoin.

Victor Hugo, *Histoire d'un crime.* Préface de Jean-Marc Hovasse, notes et notice de Guy Rosa.

Hongsheng Jiang, *La Commune de Shanghai et la Commune de Paris.*

Raphaël Kempf, *Ennemis d'État. Les lois scélérates des anarchistes aux terroristes.*

Sadri Khiari, *La contre-révolution coloniale en France. De de Gaulle à Sarkozy.*

Stathis Kouvélakis, *Philosophie et révolution. De Kant à Marx.*

Georges Labica, *Robespierre. Une politique de la philosophie.* Préface de Thierry Labica.

Yitzhak Laor, *Le nouveau philosémitisme européen et le « camp de la paix » en Israël.*

Henri Lefebvre, *La proclamation de la Commune. 26 mars 1871.*

Lénine, *L'État et la révolution.*

Mathieu Léonard, *L'émancipation des travailleurs. Une histoire de la Première Internationale.*

Gideon Levy, *Gaza. Articles pour Haaretz, 2006-2009.*

Laurent Lévy, *« La gauche », les Noirs et les Arabes.*

Frédéric Lordon, *Capitalisme, désir et servitude. Marx et Spinoza.*

Frédéric Lordon, *Imperium. Structures et affects des corps politiques.*

Frédéric Lordon, *Vivre sans ? Institutions, police, argent, travail.* Conversation avec Félix Boggio Éwanjé-Épée.

Frédéric Lordon, *Figures du communisme.*

Herbert R. Lottman, *La chute de Paris, 14 juin 1940.*

Pierre Macherey, *De Canguilhem à Foucault. La force des normes.*

Pierre Macherey, *La parole universitaire.*

Gilles Magniont & Yann Fastier, *Avec la langue. Chroniques du « Matricule des anges ».*

Andreas Malm, *L'anthropocène contre l'histoire. Le réchauffement climatique à l'ère du capital.*

Andreas Malm, *Comment saboter un pipeline.*

Andreas Malm, *La chauve-souris et le capital. Stratégie pour l'urgence chronique.*

Karl Marx, *Sur la question juive.* Présenté par Daniel Bensaïd.

Karl Marx & Friedrich Engels, *Inventer l'inconnu. Textes et correspondance autour de la Commune.* Précédé de « Politique de Marx » par Daniel Bensaïd.

Albert Mathiez, *La réaction thermidorienne.* Présentation de Yannick Bosc et Florence Gauthier.

Louis Ménard, *Prologue d'une révolution (fév.-juin 1848).* Présenté par Maurizio Gribaudi.

Natacha Michel, *Le roman de la politique.*

Jean-Yves Mollier, *Une autre histoire de l'édition française.*

Marie José Mondzain, *K. comme Kolonie. Kafka et la décolonisation de l'imaginaire.*

Elfriede Müller & Alexander Ruoff, *Le polar français. Crime et histoire.*

Alain Naze, *Manifeste contre la normalisation gay.*

Olivier Neveux, *Contre le théâtre politique.*

Dolf Oehler, *Juin 1848, le spleen contre l'oubli. Baudelaire, Flaubert, Heine, Herzen, Marx.*

Ilan Pappé, *La guerre de 1948 en Palestine. Aux origines du conflit israélo-arabe.*

François Pardigon, *Épisodes des journées de juin 1848.*

La Parisienne Libérée, *Le nucléaire, c'est fini.*

Karine Parrot, *Carte blanche. L'État contre les étrangers.*

Nathalie Quintane, *Les années 10.*

Nathalie Quintane, *Ultra-Proust. Une lecture de Proust, Baudelaire, Nerval.*

Nathalie Quintane, *Un hamster à l'école*

Alexander Rabinowitch, *Les bolcheviks prennent le pouvoir. La révolution de 1917 à Petrograd.*

Jacques Rancière, *Le partage du sensible. Esthétique et politique.*

Jacques Rancière, *Le destin des images.*

Jacques Rancière, *La haine de la démocratie.*

Jacques Rancière, *Le spectateur émancipé.*

Jacques Rancière, *Moments politiques. Interventions 1977-2009.*

Jacques Rancière, *Les écarts du cinéma.*

Jacques Rancière, *La leçon d'Althusser.*

Jacques Rancière, *Le fil perdu. Essais sur la fiction moderne.*

Jacques Rancière, *En quel temps vivons-nous ? Conversation avec Eric hazan.*

Jacques Rancière, *Les temps modernes. Art, temps, politique.*

Jacques Rancière, *Le temps du paysage. Aux origines de la révolution esthétique.*

Jacques Rancière, *Les mots et les torts.* Dialogue avec Javier Bassas.

Textes rassemblés par J. Rancière & A. Faure, *La parole ouvrière 1830-1851.*

Amnon Raz-Krakotzkin, *Exil et souveraineté. Judaïsme, sionisme et pensée binationale.*

Tanya Reinhart, *Détruire la Palestine, ou comment terminer la guerre de 1948.*

Tanya Reinhart, *L'héritage de Sharon. Détruire la Palestine, suite.*

Mathieu Rigouste, *La domination policière. Une violence industrielle.*

Robespierre, *Pour le bonheur et pour la liberté. Discours choisis.*

Paul Rocher, *Gazer, mutiler, soumettre. Politique de l'arme non létale.*

Kristin Ross, *L'imaginaire de la Commune.*

Julie Roux, *Inévitablement (après l'école).*

Christian Ruby, *L'interruption. Jacques Rancière et le politique.*

Alain Rustenholz, *De la banlieue rouge au Grand Paris. D'Ivry à Clichy et de Saint-Ouen à Charenton.*

Malise Ruthven, *L'Arabie des Saoud. Wahhabisme, violence et corruption.*

Gilles Sainati & Ulrich Schalchli, *La décadence sécuritaire.*

Julien Salingue, *La Palestine des ONG. Entre résistance et collaboration.*

Thierry Schaffauser, *Les luttes des putes.*

André Schiffrin, *L'édition sans éditeurs.*

André Schiffrin, *Le contrôle de la parole. L'édition sans éditeurs, suite.*

André Schiffrin, *L'argent et les mots.*

Ivan Segré, *Judaïsme et révolution.*

Ivan Segré, *Le manteau de Spinoza. Pour une éthique hors la Loi.*

Ella Shohat, *Le sionisme du point de vue de ses victimes juives. Les juifs orientaux en Israël.*

Eyal Sivan & Armelle Laborie, *Un boycott légitime. Pour le BDS universitaire et culturel d'Israël.*

Patricia Sorel, *Petite histoire de la librairie française.*

Jean Stern, *Les patrons de la presse nationale. Tous mauvais.*

Marcello Tarì, *Autonomie ! Italie, les années 1970.*

N'gugi wa Thiong'o, *Décoloniser l'esprit.*

E.P. Thompson, *Temps, discipline du travail et capitalisme industriel.*

Tiqqun, *Théorie du Bloom.*

Tiqqun, *Contributions à la guerre en cours.*

Tiqqun, *Tout a failli, vive le communisme !*

Alberto Toscano, *Le fanatisme. Modes d'emploi.*

Enzo Traverso, *La violence nazie, une généalogie européenne.*

Enzo Traverso, *Le passé : modes d'emploi. Histoire, mémoire, politique.*

Françoise Vergès, *Un féminisme décolonial.*

Françoise Vergès, *Une théorie féminisme de la violence. Pour une politique antiraciste de la protection.*

Louis-René Villermé, *La mortalité dans les divers quartiers de Paris.*

Sophie Wahnich, *La liberté ou la mort. Essai sur la Terreur et le terrorisme.*

Michel Warschawski (dir.), *La révolution sioniste est morte. Voix israéliennes contre l'occupation, 1967-2007.*

Michel Warschawski,
Programmer le désastre. La politique israélienne à l'œuvre.

Eyal Weizman,
À travers les murs. L'architecture de la nouvelle guerre urbaine.

Zetkin Collective, *Fascisme fossile. L'extrême droite, l'énergie, le climat.*

Slavoj Žižek, *Mao. De la pratique et de la contradiction.*

Collectif, *Contre l'arbitraire du pouvoir. 12 propositions.*

Collectif,
Le livre : que faire ?

Cet ouvrage a été achevé d'imprimer
par l'Imprimerie Floch
à Mayenne en février 2021.
Numéro d'impression : 97799.
Dépôt légal : février 2021.
Imprimé en France.